Morderstwo w Konstancinie

Morderstwo w Konstancinie

KLACZ NA ZAKRĘCIE

Zbigniew Kaspruk

1

W Konstancinie wielu zamożnych rezydentów tej ekskluzywnej podwarszawskiej miejscowości hodowało konie. Były to zwierzęta wysokiej klasy, których mogłyby pozazdrościć słynne tory wyścigowe w Ascot czy Kentucky. Stajnia z kilkoma wierzchowcami był to znak zamożności, elegancji, pozycji społecznej i, przede wszystkim, snobizmu do czego, oczywiście nikt nie chciał się przyznać. Słoma wychodzi z butów każdego prowincjusza, tak snobizm jest tylko następcą tego faktu przynależności do nie odpowiedniej grupy społecznej. Historia, którą chce opowiedzieć, dotyczy ludzi i koni z wielkimi tradycjami w hodowli koni wyścigowych, u których siano nie mogło się znaleźć w ich bogatych oczach, świecących słońcem Morza Śródziemnego, jak oczy szesnastolatki po pierwszym zbliżeniu seksualnym z chłopakiem, z którym chciała mieć dzieci i szczęśliwe życie do ostatniego tchu. Niekoniecznie jej tchu, ale na pewno tchu partnera. Przecież ludzie są wymienialni. Chodzi zawsze tylko o to, aby zaspokoić własne ambicje i potrzeby bardziej ciała niż duszy. Gogol kupował martwe dusze to dlaczego inni nie mogliby robić tego samego. Dusza nie waży, czyli jest lekka do udźwignięcia, szczególnie jeżeli ma się siłę roboczą w postaci wiernych sług i różnych asystentów. Nazywam się Bob Jarosz i jestem adwokatem śledczym. Mieszkam w Konstancinie po przeprowadzeniu się z Chicago do tej uroczej skądinąd miejscowości, przedmieścia dla Warszawskich i zagranicznych elit. Pracuję w mojej kancelarii znajdującej się w centrum Warszawy z moją asystentką i nie tylko, Wandą. Korzystam z usług znanej agencji detektywistycznej, na której czele stoi Paweł. Jest uroczy poranek we wrześniu roku 1938. Słońce świeci radośnie jak na tę porę roku, trawa jest ciągle zielona i liście wiszą na drzewach ciągle z optymizmem, że być może zima nie nadejdzie zbyt wcześnie a może i wcale. Są to naiwne mrzonki jak u dzieci z przedszkola o książnice i księciu na białym koniu. Każdy ma jednakże prawo do marzeń nawet liście dębów i brzezin. Nie możemy im tego zabronić. Swoboda myśli i złudzeń jest prawem naturalnym nas wszystkich. Nikt nam tego prawa nie może odebrać, choć wielu próbowała i próbować będzie. Nie wróżę im jednakże sukcesu. Jesteśmy na torze próbnym koni wyścigowych, obszernym hipodromie rodziny Żurawskich. Przepiękny koń biegnie bujnie wzdłuż toru, a posiada go pod sobą, młody, niewielkiej postury jockey. Oczy mu świecą dumą i radością większą niż po seksie z najbardziej urodziwą panną z wpływowej rodziny. Jest to pełno wymiarowy tor z klasycznym ogrodzeniem zbudowanym z drewnianych okrągłych pali długości około dziesięciu metrów. Mamy dwa rzędy pali pomalowanych na biało, co dodaje elegancji i czaru temu miejscu do próbnych biegów koni na dorobku. Jockey jest obserwowana przez dwie osoby, jest to mężczyzna i kobieta, obydwoje także młodzi w wieku nie bardziej znaczącym niż 25, a pewnie znacznie niżej tej cyfry. Kobieta ubrana jest w spodnie do jazdy konnej koloru khaki i koszulę w stylu amerykańskiego teksasu z dwiema kieszeniami, dużym otwartym kołnierzyku w dwóch tonacjach –

khaki i czarnej. Na stopach nosi sztyblety jeździeckie a ponad nimi sztylpy ochraniające jej podkolanie. Jest bardzo podekscytowana. W prawej dłoni trzyma stoper o dość dużych rozmiarach, ale nie ciążącym jest niewielkiej dłoni ku ziemi. Jest to przytulna blondynka, o stosunkowo niewielkim, ale wyrazistym biuście, dużych oczach i zmysłowych ustach. Nosek ma zgrabny i perfekcyjnie pasujący do jej nieco zaokrąglonej twarzy z wyraźnymi kośćmi policzkowymi. Obserwujący stoją około piętnastu metrów od dużych, dojrzałych drzew, które to z kolei drzewa, ochraniają dom lekkim powiewem cienia. Jej partner, Piotr, to młody, przystojny człowiek o ciemnych włosach. Nosi marynarkę w pepitkę, ciemnego koloru koszulę i pasujące do kolorystyki całości wyjściowe spodnie. Jockey przelatuje przed nosami obydwu gapiów, co powoduje naciśnięcie przycisku i zatrzymanie czasu na stoperze. Kobieta reaguje na ten fakt, mówiąc do jej partnera: „Czyż ona nie jest śliczna, Piotrze?" Mężczyzna odpowiada: „Tak samo, jak jej właścicielka". Z domu wybiega jeszcze jedna młoda kobieta, ale nieco starsza od Piotra i jego towarzyszki, dobiega do dwójki gapiów i w tej właśnie sekundzie, klacz przemyka przed oczami całej trójki. Kobieta jest ubrana w jasnego kolory bluzkę i spódnice kontrastującą z górą jej ubioru. Jest blondynka o prostych, równo ściętych włosach i szlachetnej twarzy. Towarzyszka Piotra patrzy na stoper i wpada w dziki entuzjazm. Kieruje wzrok na twarz Piotra i raportuje: „Minuta, trzynaście sekund i dwie dziesiąte. To coś nieprawdopodobnego. Piotr, widziałeś to", pyta retorycznie tak samo oszołomionego Piotra. Nowo przybyła kobieta reaguje na ten zachwyt: „Jest to lepszy czas od twoich oczekiwań. Joanna, twój ojciec będzie zachwycony". „Będzie jeszcze bardziej zachwycony, jeżeli »Lili« wygra wyścig. A Lili to jest pewniak. Ma żyłkę zwycięzcy. Ja się na tym znam, ja to natychmiast mogę rozpoznać. Mam do czynienia z końmi od dłuższego czasu i rzadko się mylę w takich sprawach. To jest klacz na wagę złota. Ona pobije cały świat. Poczekajcie, a zobaczycie, że mam rację". Entuzjazm Joanny sięga niebios jak jaskółki w bezchmurny dzień. Na twarzy Piotra rysuje się szeroki uśmiech, obejmuje Joannę ramieniem i szczerze podziela jej ekscytację Lili. Joanna zwraca się do drugiej kobiety: „Jak się czuje ojciec?" Roberta szybko odpowiada: „Aktywny mężczyzna nie zbyt dobrze znosi przywiązania do łóżka" i po sekundzie dodaje: „Lepiej już sobie pójdę, muszę się zająć się moimi listami". Kobieta odwraca się i próbuje iść w stronę domu, ale zatrzymuje ją Joanna, kładąc rękę na jej ramieniu. „Przekaz ojcu dobrą wiadomość, Roberta. Zrobisz to? I bądź dobrą sekretarką i pozwól mu odpocząć?" Roberta potwierdza skinieniem głowy jej dobre intencje, po czym oddala się od Piotra i Joanny bez udzielenia odpowiedzi słownej, ale dodaje jeszcze mrugnięcia oczu – że tak, że pozwoli mu odpocząć, że będzie dobrą sekretarką. W tym samym momencie do Piotra i Joanny zbliża się trener Lili z cuglami w rękach. Trzyma wodze klaczy z uśmiechem i pełnym uwielbieniem. Pyta Joannę: „Jaki był jej wynik?" „Minuta trzynaście i dwie dziesiąte", odpowiada uradowana Joanna. Mężczyzna gwiżdże z zachwytu i dopowiada: „Mamy jeszcze przed sobą trzy tygodnie treningu na torze, przed głównymi zawodami. Sądzę, że będzie gotowa". Szeroki uśmiech nie schodzi mu z ust. Jest to uśmiech wesołej małpki w zoo, każdy lubi taki uśmiech zadowolenia i sukcesu. „Och, ty pesymisto, Lili już jest gotowa", odpowiada z takim samych od ucha do ucha uśmiechem Joanna. Piotr dołącza do pozostałej dwójki i deklaruje równie duży uśmiech na jego przystojnej twarzy. Jest to jeden z najbardziej szczęśliwych dni w życiu Joanny. Jej oczekiwania były na pewno duże, ale zawsze tli się iskierka niepewności w sytuacji, kiedy mamy do czynienia ze zwierzęciem, bestią na czterech nogach, którą tak mocno uwielbiamy, że traktujemy ją jak członka rodziny, a w wielu rodzinach, nawet tak nie jest. Członkowie rodziny są traktowani poniżej poziomu psa czy leniwego kota. Ludzie mocniej kochają swoje zwierzęce pociechy niż brata lub siostrę, czy nawet rodziców. Bóg z tym walczy, ale jego możliwości są ograniczone ze względu na ogromną populację ludzkości na tej ziemi, naszej ziemi. Nadmiar spraw do rozpatrzenia. Przygotowania do głównego wyścigu na Służewcu tak zwanej 'Wielkiej Służewieckiej' trwały intensywnie przez następne trzy tygodnie. Wszyscy byli już nieco zmęczeni, ale moment wielkości zbliżał się dużymi krokami to i zmęczenie cichło ze światłem gasnącego słońca. Wieczory były chłodne, dlatego Joanna spędzała je przed płonącym kominkiem w towarzystwie dobrego koniaku i Piotra. Minęły trzy tygodnie i nadszedł czas prawdy. Jest niedziela, 24 września, Wielka Warszawska za chwilkę się zacznie. Służewiec wypełniony jest po brzegi. Grupa obywateli bardziej zamożnych siedzi na trybunie głównej a pospólstwo nieco niżej, bez dobrego oka na konie. Cała trójka siedzi na trybunach i kibicuje Lili. Jest to Joanna, Piotr i

Roberta. Obydwie panie założyły kostiumy z żakietami, a Piotr niesie na ramionach gładką marynarkę, pod nią koszula, bez krawata. W wyścigu bierze udział 10 najlepszych koni z całej Polski. Wśród nich, oczywiście Lili, klacz bez skazy, perfekcyjna, marzenie wszystkich hodowców i właścicieli wierzchowców wyścigowych. Joanna jedyna z całej trójki przygląda się wyścigowi przez lornetkę. Podekscytowany Piotr krzyczy: „Na przód Lili, na przód. Nikt cię nie może pokonać". Panie ledwo mogą usiedzieć na swoich miejscach. Ich biusty falują w rytm kopyt Lili. Joanna wygląda ślicznie, kiedy jest tak podniecona, a i Robercie niczego nie brakuje z wyjątkiem tych kilku lat z minionych dni, ale to drobiazg. Konie wbiegają na ostatnią prostą. Nasza trójka obserwatorów wstaje z miejsc. Joanna oddaje lornetkę w ręce Piotra. Konie są już tuż, tuż przed metą. Lili biegnie na przodzie. Wygląda wspaniale z twarzą zwyciężczyni. Lili już wie, że nie może przegrać tego wyścigu, najważniejszego w jej końskim życiu. Lili uwielbia Joannę i nie pozwoli jej przegrać tego wyścigu. I już jest meta. Lili jest pierwsza przed resztą rozczarowanych końskich przeciwników. Jest to jej osobisty tryumf. Jej to rezultat jej ciężkiej pracy przez właściwie ostatnie pół roku. No i oczywiście talent. Lili wie, że jest bardzo utalentowaną klaczą, która przyniesie duże zyski jej właścicielom. Cała trójka skacze do góry, jest to radość tak wielka, że wszystko inne wokół nich nie istnieje. Są, w przysłowiowym, siódmym niebie. Joanna rzuca się w ramiona Piotra i chce go niemalże unieść nad poziom matki ziemi i dachu tego toru wyścigowego. Ich śmiech radości zauważają inni widzowie i przyglądają się im z uśmiechem przyzwolenia na ten wulkan uniesienia w tych ciężkich czasach pachnących zbliżającą się wojną. Joanna, Piotr i Roberta natychmiast po wyścigu udali się do stajni toru wyścigowego i do boksu Lili, aby jej podziękować za wspaniały wyczyn. Wszyscy są uradowani, a Lili przyjmuje ich uśmiechem zwycięskiej klaczy. „Lili byłaś wspaniała", radośnie oświadcza Joanna. Lili kiwa głową, jakby rozumiała, co się do niej mówi. Piotr i Joanna głaszczą klacz po głowie z ogromną sympatią. Lili lubi te pochlebstwa, wie, że zrobiła dobrą robotę i zasługuje na szacunek. „Chodźmy to uczcić w najlepszej restauracji w Warszawie", proponuje Piotr, a panie przytakują z potwierdzeniem. „To znakomity pomysł", zgadza się Roberta. „Tak, zamówimy wspaniały obiad na cześć Lili i wypijemy co nieco też", dodała Joanna ciągle przebywająca w chmurce euforii. Joanna siedzi za kierownicą i wiezie swoich kumpli na Krakowskie Przedmieście do luksusowych wnętrz restauracji „Simon i Stecki". Piotr, Roberta i Joanna rozsiedli się wygodnie i zwycięsko przyglądając się tłumowi śmietanki Warszawy. Bywali w tej restauracji jedynie ludzie wpływowi i zamożni. Ceny były wysokie a stroje, szczególnie dam, oszałamiające. „To jest moja ulubiona restauracja w Warszawie", twierdzi Joanna, a dwójka jej towarzyszy przytakuje ze zrozumieniem. „Wspaniałe miejsce do celebracji naszego sukcesu, twojego przede wszystkim, Joanno", Roberta mizdrzy się do córki jej szefa. „Znakomicie moje panie, zamówmy więc coś do wypitki", dodaje Piotr i przywołuje palcem prawej dłoni eleganckiego kelnera z małym wąsikiem, źle się kojarzącym w tym czasie, i zamawia trzy mikadki, czyli trzy pięćdziesiątki czystej wódeczki, monopolowej luksusowej. Kelner jest nieco zdziwiony, bo to nie w tej restauracji pije się mikadki, ale uprzejmie się kłania z pozorowanym uśmiechem na ustach i kieruje się w stronę baru. „Roberta, Joanna, wiecie, co będziecie jadły?", pyta Piotr. „Ja wiem, to jest moje ulubione danie", odpowiada Joanna. „Zamawiam sznycla ministerialnego z sałatką. To jest także zwycięzca na mój system trawienia". „A ty Roberta?", dopytuje Piotr. „Ja też mam swoje ulubione danie". „Cóż to takiego?", pyta Joanna. „To boeuf a la Strogonoff, przepyszności i raj dla moich ust". „Bardzo wybrednie Roberto, brzmi bardzo smacznie i dystynktywnie", komentuje Piotr z małą melancholią pod nosem. „A co ty wybierasz,

Piotrze?", pyta Joanna. „Zaskoczę was drogie panie, ale idę za polską tradycją rybną. Zamawiam sandacza po polsku. Perfekcyjnie pasuje do mikadki", oznajmił Piotr uśmiechającym się do pań, które przyjęły jego wybór z dużą aprobatą, ale też lekkim zdziwieniem. Toć ryba w taki dzień nie pasuje, ale niech mu będzie, niech lepiej uważa na ości, jedna z nich może mu stanąć w gardle po horyzoncie i co wtedy? Przez następne dwie godziny towarzystwo bawi się znakomicie, a i mikadki zaczynają burzyć umysły i równowagę, nie tylko duszy, ale balansu w utrzymaniu się na nogach. Nagle Joanna, już nieco bełkocącym głosikiem, proponuje nową przygodę: „Chodźmy do 'Oazy' na Wierzbowej, potańczymy do upadłego i zalejemy robaka nieco mocnej. „Joanna, czy jesteś w stanie prowadzić samochód?", pyta Piotr. „Ja pewnie już nie, ale ty będziesz naszym szoferem. Widzę, że nie piłeś tak dużo, tylko tak do towarzystwa, to nas poprowadzisz na bal. Jedziemy, bracia i siostry. Czas na ruchy brzucha", głośno zarządziła Joanna, poruszając jej brzuch w rytm tańców arabskich. Piotr zawołał kelnera, a Joanna powiedziała, aby zapisać tę ucztę na jej konto. Ma otwarty rachunek u „Simona i Steckiego", a tam ją dobrze znają z wielu poprzednich wizyt i pozycji towarzyskiej w stolicy Polski. Po kilkudziesięciu minutach Piotr, Joanna i Roberta meldują się w Oazie, a tam, już hulanka i swawole na całego. Joanna, zanim znaleźli stolik, wpada na parkiet i zaczyna jej tańce brzucha. Piotr odciąga ją od tłumu parkietowych gapiów i prowadzi do stolika. „Joanna, poczekaj, masz jeszcze czas na tańce", oznajmia Piotr. „Ale ja jestem taka szczęśliwa, Lili jest mistrzem, to i ja jestem mistrzem. Zamów coś do picia Piotr, czas na podrygi i walcowanie". Joanna już jest pod sporą dawką alkoholu i tym samym jej dusza się otwiera na prawdę i pokorę, ale hamuje ją Piotr. „Myślę, że to wystarczy na dziś. Czas na cichą noc w oparach wielkiego snu o potędze". „Nie wiem, co ty mówisz, Piotr, ale kiwa mi się w głowie". Joanna kładzie jej smaczną główkę na ramieniu Piotra, a Roberta oznajmia:

"Przyprowadzę samochód przed drzwi wejściowe", Piotr kiwa głową ze zrozumieniem. Następnego dnia, około południa, Joanna wydaje się wyleczona z eskapady poprzedniego dnia i znajduje się ponownie w towarzystwie Lili, jej trenera Marczewskiego i Roberty. Jest to dość chłodne popołudnie, dlatego też Roberta włożyła zimowy płaszcz w kratkę, ale ciągle rozpalona niebywałym sukcesem Joanna, ubrana jest we flanelową bluzkę i flanelową spódnicę. Joanna nie może się oderwać od Lili. Całuje ją gorąco w nos i mówi: "Kocham cię Lili". Ta wypowiedź spotyka się z ripostą od Marczewskiego, który próbuje zabłysnąć humorem: "Niech pani tylko, pani Joasiu, nie rozmaże całej szminki na nosie klaczy". "To nie ma znaczenia, jak Lili teraz wygląda. Potrzebuje dużo odpoczynku po tym wspaniałym zwycięstwie. Musi być gotowa na jeszcze większe sukcesu, aby zaspokoić swoje ambicje". Marczewski kiwa głową ze zrozumieniem, a Joanna kontynuuje: "Muszę teraz wpaść do szkoły. Nie mów o tym ojcu, zaopiekuj się tylko Lili. Ja opowiem ojcu o mojej wyprawie do szkoły. A Lili niech czuje się jak bogini wszech niebios". „Da się zrobić, panno Joanno. Morda na kłódkę", dodał Marczewski, pokazując dłonią kłódkę na jego ustach. „To był wspaniały sukces. Zasłużyła pani na pełne uznanie, pani Joanno". Joasia uśmiechem otwiera usta i patrzy z wdzięcznością w oczy trenera, po czym składa przyjazny pocałunek na jego policzku. Roberta przygląda się całemu wydarzeniu, ale nic nie mówi. Wydaje się, że i ona jest w pełni zadowolona z osiągnięć Lili, no i Joanny, oczywiście. Joanna rusza do szkoły, gdzie prowadzi zajęcia dla ubogich dzieci gminy Jeziorna-Konstancin. Uczy ich alfabetu i oczywiście czytania. Kiedy Joanna powracała ze szkoły, w ciągle odkrytym samochodzie kabriolecie, pomimo chłodnego wieczoru, spotyka ją ogromna niespodzianka. Ogień strawił dobrą część stajni i przyległego do niej budynku. Przed stajnią znajdują się dwa wozy strażackie, a kilku strażaków zbiera do kupy ich sprzęt.

Ich robota dobiegła końca. Uratowali, co się dało. Wóz policyjny towarzyszy strażakom. Policja bada miejsce zaistniałego wypadu, jak się wydaje na tę chwilę. Joanna podjeżdża do stojącego blisko strażaków Marczewskiego i gwałtownie wyskakuje zza kierownicy. „Co się stało, Marczewski. Co to jest?", krzyczy przerażona. „Gdzie jest Lily, gdzie jest moja klacz?" „Niech się panienka uspokoi, Lily jest cała i zdrowa", odpowiada niemalże tak samo przerażony trener. „Gdzie jest mój ojciec, dlaczego go tu nie ma?", pyta dalej Joanna. „Uratował konie, uratował konie, ale miał kolejny atak serca i nie uratował samego siebie", nieco trzęsącym się głosem poinformował Joannę Marczewski. Słychać gorycz w jego głosie, a twarz zamieniła się w piekło bezradności i zwykłego ludzkiego bólu do szpiku kości. „Ojciec panienki nie żyje, tak mi przykro panienko, taka wielka strata", dokończył swój raport Marczewski, przytulając Joannę do swojej klatki piersiowej. Joanna jeszcze nie w pełni rozumie co się wydarzyło. Przyzwyczaiła się do choroby ojca, ale tak nagła śmierć postawiła ją w stan kompletnego zaskoczenia. W ramionach koniuszego czuje lekką ulgę, ale ból niesie się coraz głębiej w jej małe serduszko wychowane w luksusie i bez zbędnych problemów. Po nie przespanej nocy Joanna wyszła rano przed stajnię, aby upewnić się, że Lili jest cała i zdrowa, kiedy Roberta zbliżyła się do niej z wiadomością: „Dzwonił twój wujek, Kosztorys. Chciałby cię zobaczyć jutro rano w jego biurze, jeżeli oczywiście czujesz się na siłach, aby to zrobić", roztropnym głosem oznajmiła Roberta. „Dziękuję Roberto. Czy opuszczasz mnie?", odpowiedziała Joanna z zapytaniem. „Jest trudno odejść od kogoś, tak bez słowa", mówi Roberta. „Niektóre osobniki odchodzą bez jednego słowa", wpada w płacz Joanna. „Uspokój się moja droga. Wszystko będzie dobrze, zobaczysz. Ból minie, tylko pamięć pozostanie i czasem sprokuruje ból. Nie masz nawet dziewiętnastu lat. Całe życie jest przed tobą. Będziesz jeszcze szczęśliwa i zadowolona. Masz to jak w banku". „Nie przyszedł nawet, aby mnie zobaczyć, nie zadzwonił, nie powiedział, że jest mu przykro, przecież wie, co się wydarzyło". „O kim mówisz Joasiu?", pyta Roberta, nachylając się bliżej w kierunku twarzy Joanny, a twarz jej wyraża zdziwienie. „O Piotrze Krochmalskim". Roberta nie ukrywa większego jeszcze zdziwienia, a Joanna kontynuuje: „Było nam tak dobrze, tak przyjaźnie w czasie wyścigów, no i potem, w restauracji i samochodzie…wiesz, o czym mówię Roberto?. On mnie lubi, naprawdę lubi". Roberta odstępuje od Joanny o pół kroku i poważnym głosem informuje: „Joanna, czy wiesz, kto to jest Małgorzata Domańska? Na dzień przed śmiercią twojego ojca Piotr ożenił się z Małgorzatą w ratuszu miejskim, miał to już wcześniej zaplanowane". Joanna jest całkowicie zaskoczona, otwiera szeroko usta, jakby brakowało jej tlenu i zmęczonym głosem mówi: „Nie, to nie może być prawda. Jemu przecież było tak ze mną dobrze". „A jednak pobrali się", odpowiedziała Roberta. „Ale ona jest od niego starsza i na dodatek, brzydka jak ropucha". „To wszystko prawda, ale jest także bardzo zamożną kobietą, z wielkimi posiadłościami i sznurem koni wyścigowych, nie zapominaj o tym". Joanna wpada w zadyszkę duchową, tego jest już za dużo, śmierć ojca a teraz zawód miłosny. Roberta mówi: „Nie wiem, co ci Piotr powiedział, ale on zawsze szuka nowej spódnicy z jego czarującym uśmiechem i jedwabnymi manierami. On nie może tego w sobie zadusić, zawsze szuka uznania w oczach nowo spotkanej kobiety. Joasiu, jest mi tak szalenie przykro". „Och Roberto, czuje się jak...", nie kończy zdania Joanna. Roberta wykorzystuje ten moment: „Joasiu mam wspaniały pomysł. Ta posiadłość jest tak duża, a ty jesteś teraz sama, dlaczego nie wprowadzisz się do mojego przytulnego mieszkanka, razem wszystko pokonamy, diabła nawet ściągniemy za nogi i spalimy w piekle. Możesz zostać ze mną tak długo, jak tylko będzie to konieczne, abyś doszła do siebie. Co ty na to?". Roberta jest prawie pewna, że jej oferta spodoba się Joannie i przyjmie ją z otwartymi rękami. I nie myliła się.

Joanna tylko lekko skinęła głową i Roberta dokończyła jej tyradę. „No dobrze, to postanowione. Pozwól, że zadzwonię do twojego wujka i poinformuje go o twojej przeprowadzce. Złożysz mu wizytę w późniejszym terminie. Tak się cieszę, będziemy bardzo dobrymi współlokatorami. Dzięki ci Boże. Nowe życie zawita w nasze progi. Chodź ze mną, pomogę ci się pakować. Uśmiechnięte i zadowolone panie odchodzą w stronę głównego domu Joanny. Wydaje się, że świat stanął na nogach, ponownie, tam, gdzie być powinien. Następnego dnia rano Joanna dalej żali się Robercie. Po tej chwilowej amnezji spowodowanej nową atrakcją w życiu Joanny, dziewczyna wraca do jej bólu i opowiada Robercie. „Wiesz co Roberta?", żali się Joanna. „No, co takiego, moja współlokatorko", dowcipem próbuje ratować szum w głowie Joanny, a jest on wyczuwalny, wibrujący na wysokich częstotliwościach, wręcz nieludzi. „Chciałam tak jak małżeństwo Dostojewskiego z jego żoną Anyutą. Chciałam spędzić całe moje życie z tym szubrawcem, w ciszy i spokoju, przy pełnej otwartości i pogodzie ducha. Nasza miłość była rosła jak róże na wiosnę – wysoko i pięknie, kolorowo i z cudownym aromatem jak piernik u babci. A on, ten zbój, ożenił się z tym brzydactwem na dzień przed wielką próbą charakteru dla Lili, no i mnie. Na dzień przed tym wielkim wydarzeniem i nic mi nie powiedział, nawet jednego uczciwego słowa, same kłamstwa, a ja tak wierzyłam w naszą przyszłość. Powiedz mi Roberto, czemu Bóg pozwala takiej łajzie stąpać po tej ziemi? Jaki to miałby być powód, aby utrzymać go przy życiu, które powinno być dozwolone tylko uczciwym i prawym ludziom. On musi być namiestnikiem samego szatana, dlatego jeszcze oddycha powietrzem tych pięknych drzew wokół nas. Czyż nie mam racji?" „Teoretycznie tak Joasiu, ale życie niesie wiele zakrętów, trudno jest się od nich uwolnić. Słabeusze wpadają w panikę i toną w obłudzie i pyszałkowości, nie potrafią się uratować. Taki jest Piotr, małostkowy i materialny, bez duszy, taki cymbał z ogonem". Joanna uśmiecha się leniwie, nie odpowiada na uwagi Roberty, panie wychodzą z mieszkania, wsiadają do samochodu i ruszają w stronę nowego życia. Kilka dni później, kiedy Joanna już zadomowiła się w mieszkanku Roberty, złożyła wizytę u wujka Waldemara. Pan Kosztorys, ubrany w elegancji garnitur z krawatem i chusteczką w kieszonce, przyjął Joanne bardzo ciepło, delikatnie objął ją ramieniem i zaprosił na krzesło przy biurku. Sam usiadł za biurkiem i zaczyna od słów kondolencji: „Tak jest mi przykro Joasiu. To takie straszne wydarzenie dla młodej osoby w twoim wieku. Musisz się wziąć się w garść, zapomnieć to, co najgorsze i patrzeć w przyszłość, z pełnym optymizmem". Joannie ściska się głos w gardle, porusza lekko ramionami i wreszcie wyszeptuje: „Tak, masz rację wujku. Muszę patrzeć w przyszłość, tylko w przyszłość. Zostawić wszystko, co złe za mną, iść tylko na przód, do nowego życia". „To znakomicie, że tak to widzisz. Bardzo się cieszę. Muszę teraz przejść do interesów. To nie zajmie wiele czasu. Posłuchaj mnie uważnie". Joannie ostatnia kropelka łez toczy się po policzku, wyciera ja koniuszkiem rękawa i patrzy prosto w oczy wujka. „Wiesz Joasiu, najtrudniejsza część mojej pracy, to jest bycie egzekutorem majątku twojego ojca. Wiesz, po zapłaceniu wszystkich długów...". „Nie ma żadnych pieniędzy dla mnie, nawet parę groszy. Co mam robić, Wujku Waldemarze?", pyta zatrwożona Joasia cichym głosem. „Po prostu, musisz robić, to co robiłaś dotychczas". Łezka ponownie płynie po policzku Joasi, że straciła ojca to teraz jeszcze te długi. „A co z tymi długami, co ja mam z tym zrobić?", pyta wujka bardzo zaniepokojona Joasia. „Nie martw się o to, to jest mój kłopot. Chciałbym, aby twój ojciec był tak dobrym biznesmenem, jak był znawcą koni. Wiesz, że miał wielu krytyków. Jego metody pracy z końmi, no i ludźmi, nie przysporzyły mu wielu przyjaciół, trudny charakter, uparty, zacięty, zawsze chciał postawić na swoim, a tego ludzie nie lubią. Ludzie żądają posłuszeństwa, uległości, pełnej subordynacji, posłuchu i wręcz karności, szczególnie ci, co pożyczają pieniądze. A twój ojciec taki nie był, oj nie był". „Wiesz wujku, co mi ojciec powiedział, na kilka dni przed śmiercią", pyta Joanna. „No, co takiego?". „Powiedział, żebym go pochowała brzuchem w dół. To jego krytycy mogą go pocałować w dupę", z wyciszonym humorem stwierdziła Joanna. Wujek Kosztorys także gorzko uśmiechnął się i nawet iskierka radości zaświeciła w jego oczach. Lubił tę buńczuczność u swojego brata, choć nie działała ona na jego użytek, wręcz przeciwnie, ciągnęła go na dno finansowe i zdrowotne. Ataki serca były coraz częstsze, najpierw małe, zatuszowane, jakby nieśmiałe, ale ten przed tym ostatnim już był poważny. Próba ratowania koni zadała ostateczny cios, serce miłośnika koni nie mogło już tego udźwignąć i odeszło na zawsze. „Pamiętaj Joasiu, że nie jesteś osamotniona. Nigdy nie byliśmy zbyt blisko, ale teraz możemy zbliżyć się do siebie", wujek Waldemar kładzie ręce na ramionach Joasi i kontynuuje: „Jesteśmy teraz rodziną, jedyną rodziną, jaką ja i ty mamy. Musimy sobie ufać, nawzajem". Joanna robi mały zakręt w stronę wujka, próbując spojrzeć mu w oczy, ale hamuje się i tylko spuszcza głowę w geście posłuszeństwa. Po rozmowie z wujkiem Joanna wróciła do mieszkania Roberty, aby poukładać myśli i głęboko się nad sobą zastanowić. Niestety nie udało się. Joanna nie mogła zasnąć przez cała noc. Kręciła się z boku na bok, ale w końcu wymyśliła i już spokojnie zasnęła przed samym świtem. Wstała o godzinie dziewiątej, a już o dziesiątej była w sekretariacie wyścigów konnych na Służewcu. Pan Markowski, pełniący funkcje sekretarza wyścigów, przyjął ją grzecznie, ze służbowym uśmiechem, ale przyjaźnie. Złożył na jej ręce szczere kondolencje z powodu śmierci ojca i poprosił sekretarkę o przyniesienie herbaty z biszkoptami. Zaczęła rozmowę Joanna. „Jedyna rzecz, jaka mi została, to jest Lili. Podjęłam decyzję panie sekretarzu, Lili będzie uczestniczyć w wyścigach". „Słyszałem, jak twój ojciec powiedział więcej niż jeden raz, że najdroższy sposób na zarobienie pieniędzy to są konne wyścigi", odpowiedział sekretarz wyścigów, pan Markowski. „W czasie swojej choroby, pewnego dnia ojciec powiedział mi, że to ja, właśnie ja będę odpowiedzialna za konie i wyścigi". „Czy Marczewski ciągle przygotowuje Lili?", pyta sekretarz. „Tak, jest z Lili teraz w Konstancinie. Ojciec chciał, abym prowadziła Lili na torach próbnych, zanim wystartuje w dużych zawodach. Lili brała udział tylko w trzech wyścigach i wszystkie je wygrała", dodała z dumą Joanna. „Joasiu, mam dla ciebie niespodziankę. Twój ojciec planował twoją przyszłość od momentu, kiedy Lili była jeszcze w powijakach. Nominował Lili do 'Wielkiej Warszawskiej', oto dokument to potwierdzający". Sekretarz wręcza zaskoczonej Joasi duży papier, na którym jest wyraźnie napisane to, co przed chwilą stwierdził. Joasia patrzy na papier z niedowierzaniem, a sekretarz ciągnie dalej. „Twój ojciec wniósł wszystkie opłaty i pokrył wszystkie inne koszty związane z uczestnictwem w wyścigu, największym w Polsce". Joanna nie może pohamować radości, jaką tylko możemy zaobserwować u dziewięt-

nastolatki z niewielkiej bagażem doświadczeń życiowych. „To jest coś wspaniałego, panie sekretarzu, coś nieprawdopodobnego. 'Wielka Warszawska' to oznacza nagrodę w wysokości siedemdziesięciu pięciu tysięcy złotych, jakże się cieszę, jakże się cieszę", powtórzyła Joanna, która nie usłyszała tak dobrej wiadomości od wielu tygodni. „Wszystko, co musisz zrobić to zarezerwować boks i czas na trening dla Lili", dodał uśmiechnięty sekretarz, wiedząc, że sprawił wielka rozkosz w sercu smutnej Joasi. „Bardzo dziękuję, panie sekretarzu. Jest to jedyna dobra wiadomość, jaka mnie spotyka od wielu tygodni. Zdaje pan sobie sprawę, jak to jest dla mnie ważne. Bardzo dziękuję. Muszę teraz jechać do Konstancina i podzielić się radosną nowiną. Do widzenia, panie sekretarzu". „Z Bogiem moje dziecko, z Bogiem. Świat nie jest taki zły, na jaki wygląda", nieco filozoficznie zakończył rozmowę sekretarz.
Szczęśliwa Joanna natychmiast udaje się do Konstancina, aby poinformować Marczewskiego o jej przyszłości i

przyszłości Lili. Wskakuje do samochodu i kilkanaście minut później parkuje przed niewielkim domkiem na jej posiadłości, gdzie mieszka Marczewski. Puka do drzwi, mocno i z ochotą: „Panie Marczewski, panie Marczewski", nieco wzniesionym głosem woła Joanna. Po zaledwie kilku sekundach Marczewski otwiera drzwi i rusza do przodu, aby powitać Joannę. „Dzień dobry, panno Joanno. Miło jest mi panienkę widzieć. Minęło już kilka tygodni od naszego ostatniego spotkania". „Tak panie Marczewski, czas biegnie szybko, o wiele, za szybko. Mam wspaniałą wiadomość. Lili weźmie udział w 'Wielkiej Warszawskiej'. Czy to nie jest ekscytujące?" Zdziwiony Marczewski stawia oczy w pół słup, ale dyplomatycznie odpowiada: „W 'Wielkiej Warszawskiej', ale jak to jest możliwe?" „Tak, Lili zakwalifikowała się do tego wyścigu. Mój ojciec nominował ją do 'Wielkiej Warszawskiej', kiedy Lili była jeszcze źrebakiem, ale nigdy o tym mnie nie powiedział. Już zarezerwowałam boks dla Lili na Służewcu. Mógłbyś zacząć jej trening już..."

Joanna jest ogarnięta euforią i radością życia, które skąpiło jej uczuć w ostatnim czasie. Patrzy prosto w oczy Marczewskiego z pełnym zaufaniem i chęcią robienia tylko dobra dla całego świata. Zatrzymuje się w pół zdania, ponieważ zauważyła bagaż Marczewskiego w jego prawej ręce. Koniuszy kładzie niewielką walizeczkę, a na niej koc, na małej ławeczce znajdującej się tuż obok drzwi do jego kwatery. Marczewski patrzy smutnym wzrokiem w oczy Joanny. „Panie Marczewski czy to są pana bagaże?", rozedrganym głosem pyta Joanna. „Tak panienko, to moje bagaże. Odchodzę". „Ale nie może pan odejść tak nagle. Jest pan trenerem Lili?", zdumiona Joanna nie próbuje zachować spokoju. „Panienko, Lili została sprzedana", dostarcza Joannie złą wiadomość, miękkim głosem, Trener Marczewski. „Jak to sprzedana?", Joanna wpada w zdumienie. „Tak panienko. Kupił ją Piotr Krochmalski". Joanna rusza w kierunku stajni, aby zobaczyć Lili, ale Marczewski zatrzymuje ją, kładąc dłoń na jej ramieniu. „Lili nie ma w stajni. Krochmalski był tu dzisiaj rano i zabrał ją ze sobą". „Dlaczego go nie zatrzymałeś?", pyta wzburzona Joanna. „Panienko, nic nie mogłem w tej sprawie zrobić. Otrzymałem rozkaz zwrócenia klaczy". „Ale Lili należy tylko do mnie, do nikogo innego, tylko do mnie. Nie można jej sprzedać, za żadne pieniądze, rozumiesz to?!, Joanna podniosła głos, ale ręce jej opadły niemalże poniżej kolan. Joanna nie czeka na odpowiedź i biegnie w kierunku samochodu. Wskakuje do wnętrza krążownika i rusza z trzeciego biegu. Podróż nie trwa zbyt długo. Posiadłość Małgorzaty Domańskiej znajduje się zaledwie w odległości jednego kilometra od posiadłości Żurawskich. Joanna podjeżdża pod dom Domańskiej i ku jej zdziwieniu, widzi jak właścicielka, wybiega przed dom i staje obok samochodu. Zagląda przez boczne okno pojazdu i mówi z udawanym zainteresowaniem: "Joanna Żurawska, jak jest mi miło cię widzieć". „Przyjechałam, aby spotkać się z Piotrem", najbardziej surowym głosem, jaki może z siebie wydobyć, oznajmia

Joanna, co jednakże, w ustach tej delikatnej dziewczyny, nie brzmi zbyt groźnie. „Mój mąż jest bardzo zajęty. Pracuje w stajni. Czy mogłabym go zastąpić i dowiedzieć się co cię do nas sprowadza?", oficjalnie odpowiada Domańska z uśmieszkiem drwiny i poniżenia dla tej małej istoty, która próbuje stawić jej czoła. „Nie przyjechałam tu na pogaduszki. Jestem tu po to, aby odebrać moją klacz", w tym momencie Joanna potrafiła wydobyć z siebie niski, stanowczy głos. Nie czeka na odpowiedź Domańskiej, tylko wyskakuje z samochodu i kieruje się w stronę stajni. Naprzeciwko niej ruszył Piotr, a jego nowa żona, przygląda się temu wydarzeniu zza drzewa sprzed jej domu. Rozmowę zaczyna Piotr: "Cenię w tobie twoją bezpośredniość, Joasiu!", chłodno stwierdza Piotr jak kropelka lodu od góry lodowej. Piotr kontynuuje nieco zdziwiony: „Dlaczego Lili jest tak dla ciebie ważna. Jest na świecie wiele ważnych rzeczy, znacznie ważniejszych od koni, szczególnie dla tak atrakcyjnej dziewczyny, jak ty?". Brzmi to nawet szczerze w ustach tego złota szukającego, szczególnie u kobiet, lowelasa. Joanna jest zła i ripostuje: „Mylisz się i to bardzo, kasanowo, tak jak ja się pomyliłam, myśląc, że i dla ciebie są ważniejsze rzeczy niż pieniądze", głos Joanny jest teraz bardzo surowy. Nawet Piotr nigdy jej nie słyszał tak oburzonej, i tak dosadnej. „Posłuchaj, chciałem się z tobą skontaktować i powiedzieć ci jak jest mi przykro z powodu śmierci twojego ojca. Był moim przyjacielem. Tęsknię za nim. Tęsknię także za tobą". Piotr kładzie ręce na ramionach Joasi, a ta natychmiast je odrzuca z nieudawanym obrzydzeniem. „Musisz wiedzieć, że kupiłem Lili, aby ci pomóc", szalbierskim głosem mówi Piotr, jego pewnym siebie głosem. „Nie potrzebuję twojej pomocy", niemalże krzyczy Joanna. „Jestem to po to, aby odzyskać to, co i tak do mnie należy, moją klacz Lili". Piotr wpada w złość i impertynencko odpowiada:"Nie masz już nic wspólnego z Lili. Kupiłem ją i tak już pozostanie, czy ci się to podoba, czy też nie". Teraz Joanna wpada w gniew i krzyczy: „Odzyskam moją klacz i nic ani nikt mnie od tego nie powstrzyma, nawet śmierć!" Joanna wraca biegiem do samochodu. Całemu spięciu przyglądała się żona Piotra i młody człowiek, około dwudziestego roku życia widział, co się działo pomiędzy Piotrem a Joasią, paląc spokojnie papieroska przed jego kwaterą. Joanna zna mnie z naszych wspólnych weekendów w domu jej ojca. Ja także przepadam za końmi, chociaż nigdy nie byłem właścicielem żadnego z nich. Pojawiła się w moim biurze wcześnie rano z nadzieją, że będę w stanie odzyskać jej konia, jej ukochaną klacz, zwycięską klacz. Lili może postawić Joannę na nogi, znacznie poprawić jej sytuację finansową i psychiczną. Joanna kocha tego konia, młodzieńczą miłością nastolatki. Akceptuje Lili taką, jaka ona jest. Jest to bardzo łatwe, ponieważ klacz taka jak Lili zdarza się raz na przysłowiowe sto lat. Jest to klacz wręcz o znaczeniu historycznym, zapisze się w annałach sportu jeździeckiego złotymi literami. Lili wbiegła wzburzona do mojego biura i zaczęła niezrozumiale bełkotać.

Musiałem ją, wspólnie z Wandą, siedzącą przy moim biurku, doprowadzić do stanu zrozumienia jej położenia, stanu spokoju ducha i rozsądnego myślenia. Zajęło to kilka chwil, zanim Joanna objęła rozumem jej trudne położenie i była w stanie wyartykułować jej żale na ten podły, bezlitosny świat, i Piotra, który ją tak brutalnie zawiódł i sprowadził na twardą ziemię. Joanna, już siedząc przy moim biurku, twarzą w twarz z jej ewentualnym adwokatem, czyli mną, zaczyna swoje zeznanie: „Nie mam do kogo się udać, tylko pan może mi pomóc, na pamięć mojego ojca, błagam pana, panie Jarosz, tylko pan, a nikt inny, może zbawić mój świat, spowodować, że słońce ponownie zaświeci nad moją malutką główką, proszę o łaskę pana, i pana Boga o wsparcie". Był to apel, co do którego nie można być obojętnym, szczególnie że jest wypowiedziany, a raczej wykrzyczany, przez tak ładniutką buzię i usta, jakich właścicielką jest Joanna. Joanna, tak na marginesie, to jest moje ulubione imię żeńskie. Było to wypowiedź nieco kokieteryjna ze strony tej młodej osoby, ale nie miało to dla mnie znaczenia. Joanna zrobiła na mnie wrażenia, co nie uszło uwagi Wandy. Schowałem się za parawanem profesjonalizmu, pokazując mój zawodowy uśmiech, ponieważ i ja zauważyłem zaciekawienie Wandy w jej dużych, zmysłowych oczach. „Czy pan mi pomoże panie mecenasie?", to był ostatni oddech nadziei w ustach Joanny. „Być może Joanna. Pozwól, że zadam ci jedno pytanie". Joanna spuściła głowę, usłyszała profesjonalny ton w moim głosie i nawet jakby mała kropelka łezki pojawiła się w jej oczach. Pytam dalej, aby rozpatrzeć sprawę z prawnego punktu widzenia. „W jakiej sytuacji finansowej jest posiadłość twojego ojca?", pytam spokojnym tonem, aby Joanna wiedziała, że chcę jej pomóc, ale muszę mieć prawne uzasadnienie moich ewentualnych działań. Joanna smutno odpowiada: „Nie zbyt dobrze, jest duża pożyczka bankowa pod zastaw posiadłości, a także pożyczki pod zastaw polisy ubezpieczeniowej". Nastrój Joanny się pogarsza jakby mgła zawisła nad jej głową, gęsta i ciężka jak z ołowiu. „Tak naprawdę, jedyną rzeczą, jaka mi pozostała to jest Lili. Wujek Waldemar nie miał prawa jej sprzedać, pod żadnym pozorem", podniesionym głosem wzmacnia swoją pozycję Joanna. „To także zależy od wielu czynników, Joasiu", dodałem także z rosnącym w moim głosie niepokojem, że nie będę w stanie pomóc taj młodej, niewinnej istocie. „Joasiu, jesteś osobą niepełnoletnią i wykonawca testamentu działał w twoim imieniu, może działać zgodnie z jego oceną sytuacji, jeżeli tylko przedstawi sądowi uzasadnienie jego akcji. To znaczy, że działania przez niego podjęte będą z korzyścią dla całego majątku". „Lili to nie jest jakaś tam własność, wychowałam tę klacz i ją kocham". Joanna ponownie wzmacnia głos, próbując bronić jej trudnej sytuacji. „Czy moja miłość do tego konia się nie liczy? Wujek Waldemar nawet mnie nie poinformował o sprzedaży mojej ukochanej klaczy". „To, co zrobił twój wujek, jest być może nie zbyt uprzejme, w stosunku do ciebie, ale nie koniecznie musi być niezgodne z prawem. Pozwól mi jednakże to sprawdzić. Chcę się z nim spotkać jeszcze dzisiaj i będę chciał wyjaśnić sprawę. Proszę cię, abyś czekała na wiadomość ode mnie w twoim mieszkaniu. Skontaktuje się z tobą, najszybciej jak to jest tylko możliwe. Uśmiechnij się, należy mieć nadzieję do samego końca. Pamiętaj, że nadzieja umiera ostatnia", zakończyłem swoją wypowiedź optymistycznym akcentem, chociaż moje doświadczenie prawnicze mówi mi, że sprawa jest piekielnie trudna, żeby nie powiedzieć, że prawie niemożliwa do załatwienia. Czas pokaże, gdzie się znajduję w tej sprawie. Czy będę w stanie przywrócić pogodę ducha tej młodej kobiecie, która obecnie znajduje się w desperackiej sytuacji? Poprosiłem Wandę, aby zaaranżowała moje spotkanie z wujkiem Joanny, panem Waldemarem Kosztorys. Wandzie udało się skontaktować z nim w zaledwie kilka minut i umówić nasze spotkanie. Biuro pana Kosztorys znajduje się niespełna kilka przecznic od mojego biura na Chmielnej, w centrum Warszawy.

Niezwłocznie wyszedłem z biura i skierowałem się w stronę budynku, gdzie pracuje Kosztorys. Wujek Joanny przyjął mnie bardzo uprzejmie i profesjonalnie. Zaprosił mnie i Wandę do zajęcia krzeseł przy jego biurku tak, abyśmy mogli patrzeć sobie prosto w oczy. Kosztorys ubrany był w wykwintny garnitur stabilizujący jego pozycję finansową, był pewny siebie, ale nie ponad granice przyzwoitości. Jego zachowanie znamionowało człowieka, co być może tylko Bóg może go pokonać, ale żaden człowiek nie jest w stanie tego dokonać. Jego dusza nie była jego mocną stroną, być może miał duszę, a być może, że nie, niełatwo jest to stwierdzić na pierwszy rzut oka. Kosztorys wiedząc o mojej wizycie i jej celu, przygotowałem się do 'przesłuchania' gromadząc na biurku, wprost przed jego nosem, stertę dokumentów, na które mógł się powołać w przypadku jakichś wątpliwości. „Wyścigi i hodowla koni to jest zabawa dla bogatych facetów. Mój brat nie był bogaty, daleko mu było od śmietanki społecznej", rozpoczął

rozmowę pan Kosztorys, wstając zza biurka, tłamsząc w rękach jednostronicowy dokument. Zrobił kółeczko i znalazł się za naszymi plecami, w pozycji łatwej do ataku, jak lwica na królika. „Mój brat na pewno był doskonałym trenerem koni wyścigowych, ale strona biznesowa tego typu działalności, była mu całkowicie obca, i prawdę mówiąc, obojętna. On żył dla koni, a i one tylko żyły dla niego, jak mi powiedział kilka razy. Kto wie, może i tak było, nikt nie zna duszy konia wyścigowego, być może tylko mój brat. On wiedział, jak trafić do sumienia konia, jego delikatności i jego zmysłowości, tego nikt nie może mu zarzucić. On znał konie jak nikt, jak nikt", dodał pan Kosztorys, wprowadzając nas w tajemnicze cechy charakteru jego brata.
Wyczułem to jako zapowiedź twardej walki, gdzie ojciec Joanny, w szczególności jego słaby charakter, może odegrać decydującą rolę w naszych negocjacjach. Kosztorys stanął obok mnie i wręczył mi dokument, który trzymał w ręku. Była to standardowa umowa, do której trudno było się

doczepić. Wczytałem się w tekst dokumentu, a po około minucie, Kosztorys dopowiedział: „Nie ma tu nic specjalnego, zwykła umowa, szablonowa". Czytam dalej dokument, a Kosztorys kontynuuje: „Zjawił się u mnie Piotr Krochmalski i zaproponował kupno klaczy. Nie miałem wyboru, musiałem klacz sprzedać, długi muszą być spłacone". „Zdaję sobie sprawę, że nie miał innej opcji, jak tylko sprzedać inne konie Joanny, panie Kosztorys. Dlaczego nie skonsultował się pan z Joanną w sprawie sprzedaży Lili?", przyszła pora na moje pytania, aby osłabić pozycję pana Kosztorys stającego nad naszymi głowami. „Wiedząc, jak Joanna traktuje tego konia, doszedłem do wniosku, żeby ją poinformować o sprzedaży już po fakcie. Uznałem, że była to łagodniejsza forma przekazanie jej tej tragicznej dla niej informacji", Kosztorys ma przygotowaną linię obrony. Ta wypowiedź była próbowana wielokrotnie, aby brzmiała szczerze i wiarygodnie, i tak też zabrzmiała, czysto i głośno jak dzwon na kościelnej wierzy. „Joanna jest bardzo rozczarowaną młodą kobietą. Czy tego się pan spodziewał?", moje drugie pytanie ląduje w świadomości wujka o ciekawym nazwisku, Kosztorys. „Nie, nie do końca. Joanna przyjęła tę wiadomość z dużym bólem, czego się nie spodziewałem", Kosztorys gra swoją rolę jak zawodowy aktor, wie, co powiedzieć i kiedy. Kosztorys odbiera z moich rąk dokument, tak jakby nie chciał, abym dłużej się w nim zagłębiał, i wraca na jego miejsce za biurkiem, mijając Wandę za jej plecami. Zanim jeszcze ponownie usiadł na krześle, dodaje: "Oczywiście wiedziałem o 'Wielkiej Warszawskiej' z dokumentów i zdałem sobie sprawę, że będzie to dla Joanny ogromne rozczarowanie. Panie Jarosz, panie mecenasie, ja nie jestem hazardzistą, jestem człowiekiem interesu". Niewątpliwie to był fakt, Kosztorys wie, co robić z pieniędzmi i wie, jak je zarobić. Jest to umiejętność niedana każdemu, a wręcz tylko niewielu spryciarzom na tym świecie. Nie było powodu odkładać wizyty w mieszkaniu Joanny, dlatego też natychmiast po rozmowie z panem Kosztorys, udałem się razem z Wandą, na spotkanie z naszą młodą, bardzo zawiedzioną życiem i ludźmi ją otaczającymi młodą kobietą o nie tuzinkowej urodzie. Zapukałem do drzwi i zaledwie po kilku sekundach otworzyła je Roberta Marciniak. Była ubrana bardzo elegancko, choć prosto i skromnie, czarna bluzka i spodnie w kratkę, wyglądała uroczo, muszę nadmienić. Uśmiech pojawił się na moich ustach. „Dzień bobry. Nazywam się Bob Jarosz, a to jest moja sekretarka pani Wanda Rybkowska. Przyszliśmy, aby porozmawiać z Joanną". „Przykro mi, ale nie ma jej w domu", uprzejmie powiedziała Roberta. „Prosiłem ją, aby na nas czekała", powiedziałem może nazbyt obcesowo, ale byłem przekonany, że Joanna zaczeka na moją wizytę, była przecież dla niej tak ważną. „Zadzwoniła do niej jakaś kobieta... i na podstawie jej zachowania i tego, co powiedziała, mogę stwierdzić, że Joanna była bardzo podekscytowana", i po chwili kontynuuje. „I jeszcze jedno, na podstawie jej ubrania mogę przypuszczać, że udała się do Konstancina, do jej posiadłości", dodała nieco zdziwiona Roberta, która wyczuła w moim głosie niezadowolenie i pewną gburowatość. Muszę te niepotrzebne agresje słowne wyeliminować z mojego zachowania. Nie będzie to łatwe, ponieważ życie w Ameryce wymagało ode mnie profesjonalnej szorstkości, a i moje góralskie korzenie też tu są widoczne. Moja matka miała zazwyczaj mówić dość brutalnie i wprost, choć w gruncie rzeczy była kobietą religijną i patronacką. O charakterze mojej matki porozmawiamy być może później, a jest o czym, zapewniam. „Ta kobieta co zadzwoniła do Joanny...czy pani wie, kto to był?", musiałem postawić to pytanie, ponieważ nieobecność Joanny była dla mnie zagadką, może nawet niebezpieczną zagadką, niebezpieczną przede wszystkim dla samej Joasi, jest przecież tak niedoświadczona, a jej światopogląd, chodź zdruzgotany w ostatnich dniach, może ciągle tli się małym płomieniem w jej nastoletniej duszy. Roberta nie znała odpowiedzi na to pytanie:

„Nie, nie wiem. Czy mam Joasi coś przekazać?", zapytała z troską w głosie Roberta. „To nie będzie konieczne, jedziemy do Konstancina, aby się spotkać z Joasią. Dziękuje pani za pomoc, do widzenia. „Do widzenia, miła mi było panią poznać", dodała Wanda, która jak dotychczas nie dorzuciła jej trzech groszy. W wielu przypadkach te trzy grosze Wandy pomagają mi rozwiązać problemy moich klientów. Wanda ma, świadomie lub nie, dodatkowy zmysł w postawieniu tego ostatniego pytania na drodze do zakończenia śledztwa. Wanda ma nabyty dar, może boży, a może nie, ale jej rzadko zadawane pytania, robią przełom w moich zmaganiach z prawem i ludźmi żyjących w świetle prawa. Roberta zamknęła za nami drzwi, a ja mogę przesiąść, że na jej twarzy pojawiło się lekkie zdziwienie związane z naszą wizytą. Wsiedliśmy do samochodu i jesteśmy na drodze do Konstancina, posiadłości Joanny. Zapadł już zmierzch. Kiedy podjechaliśmy pod stajnie koni, spotkała nas milcząco płonąca żarówka, lub dwie, i kompletna cisza. Ta cisza była niepokojąca. To było, jeszcze nie tak dawno miejsce wielkiej radości z osiągnięć Lili, zabarwione śmiechem uradowanej Joanny. „Jest tu niewiarygodnie cicho, Wanda. Wracajmy do samochodu", czułem się zawiedziony i zaniepokojony. „Tak będzie najlepiej", cicho dodała Wanda, rozglądając się dokoła. Ku naszemu wielkiemu zaskoczenie słyszymy warkot silnika dojrzałego samochodu, mała ciężarówka trenera Marczewskiego parkuje obok naszego pojazdu. Marczewski szybko wysiada zza kółka ciężarówki i energicznie się do nas zbliża. Pierwszy zabrałem głos. „Nazywam się Bob Jarosz, a to jest moja sekretarka, pani Rybkowska. Przyjechaliśmy tutaj, aby spotkać się z Joanną", w dalszym ciągu w moim głosie można wyczuć zmartwienie i być może nawet, lęk. Marczewski, podobnie jak i Roberta jest prawdziwie zdziwiony: „Joanna mieszka teraz w mieście z Robertą Marciniak", odpowiedział poprawnie trener z wydechem zdziwienia. „Byliśmy tam, ale jej tam nie ma, chodzi o sprzedaż konia", wyjaśniam Marczewskiemu. „A dokładnie, o co chodzi?", pyta Marczewski nierozumiejący mojego problemu. „Będzie lepiej, kiedy najpierw porozmawiam z samą Joanna", nie było powodu wyjaśniać szczegółów Marczewskiemu, tak się nie robi w moim zawodzie. Szacunek dla klienta to jest gwarancja rzetelnego wykonywania zawodu i co za tym idzie sukcesu finansowego i napływu nowych klientów. „Czy wie pan, gdzie mógłbym ją znaleźć?", pytam, nie oczekując pozytywnej odpowiedzi od trenera. Wydaje się, że nic nie wie, albo gra jakąś grę dla mnie jeszcze nieznaną. „Nie, nie mam zielonego pojęcia. Proszę mi wybaczyć, ale mam robotę do zrobienia. Muszę przetransportować kilka ładnych sztuk koni do Sopotu. Przyjechałem tylko po kilka osobistych rzeczy". Marczewski kieruje głowę w stronę stajni i zaniepokojony mówi: „Co się stało z przyczepą dla koni, nie widzę jej", głos Marczewskiego nabiera ponurych barw, trener jest zatrwożony. „Przyczepa zaginęła. Bob chyba nie sądzisz, że Joanna zabrała przyczepę, aby wykraść Lili od Piotra Krochmalskiego", po raz pierwszy odezwała się Wanda także wyraźnie zaniepokojona nową sytuacją. „Nie wiem, co mogło przyjść jej do głowy?", odpowiadam spokojnym głosem, próbując utopić w sobie i dwójce moich rozmówców złe przeczucia. „Panie Marczewski, jak najszybciej jest się dostać do posiadłości pana Krochmalskiego?". Marczewski udzielił nam szybkiej instrukcji, a było to łatwe, ponieważ posiadłość Krochmalskiego, uzyskana poprzez małżeństwo, znajduje się nie daleko majętności Joanny. Jak wynikało z mojego dalszego śledztwa, Joanna wypożyczyła swoją własną przyczepę i udała się do posiadłości żony Piotra Krochmalskiego, aby odzyskać jej ukochaną Lili. Zrobiła to pod osłoną nocy, dbając tym samym o swoje bezpieczeństwo i wolne od pomyłek przeprowadzenie akcji. Joanna ma zaledwie 18 lat, działa pod wpływem niedoświadczonych życiem impulsów, wie, że jej zachowanie jest niezgodne z prawem, ale na pewno zgodne z jej sumieniem i nieokiełznaną miłością do Lili, klaczy jej życia. Joanna podjechała do stajni, w której trzymano Lili. Wysiadła z samochodu ciągnącego przyczepę. Rozgląda się uważnie i nieco zatrwożona, na około, ale nie widzi nikogo w niewielkiej odległości, czuje się niepewnie, ale, jej zdaniem, nie ma innego wyjścia, musi podkraść klacz ze stajni Krochmalskiego, który ośmielił się ukraść jej uwielbianego konia prosto spod jej serca. Lili zawsze czuła się bardzo dobrze w towarzystwie Joanny. Dziewczyna o tym wiedziała, obserwując klacz, jak spokojnie zajada sobie sianko w jej towarzystwie. Nigdy nie odwróciła się zadem do Joanny, jak to Lili miała zazwyczaj robić w stosunku do osób, które działały na nią deprymująco. Joanna trzyma w jej lewej ręce kantar z przypiętym uwiązem, aby łatwo wyprowadzić Lili na wolność, do rodzinnego domu. Joanna weszła do stajni i już po chwili Lili jest pod jej kontrolą. Wychodzą na zewnątrz stajni i wtedy Joanna zagląda w oczy Lili, są one spokojne, przyjazne, jasne i zaciekawione. Lili jest grzeczną i miłą klaczą, dobrze wie, że Joanna to jest jej najlepszy przyjaciel, nic złego nie może jej się przydarzyć w obecności tej młodej kobiety o króliczym sercu. Joanna nie zauważa wideł stających pod drewnianym słupem podpierającym daszek stajni. Widły lądują na podłodze werandy, robiąc mały hałas. Joanna podnosi je ostrożnie i ponownie stawia pod słupkiem. Jest nieco nachylona nad podłogą werandy, kiedy to silna, męska dłoń chwyta ją za ramię. Joanna głośno krzyczy, wydaje pisk strachu i kompletnego zaskoczenia. Mężczyzna ubrany jest w ciemny garnitur, białą koszulę i krawat dopełniający całości. Patrzy teraz prosto w przestraszone oczy Joanny z drwiącym uśmieszkiem na szalbierskich ustach. Lili czuje niebezpieczeństwo, już nie stoi spokojnie, kręci się w miejscu, straszy skulonymi uszami, przy nadarzającej się okazji chciałaby kopnąć oprawcę Joanny, ale takiej okazji nie ma, dlatego też decyduje się na ucieczkę. Wybiega na wąską, piaszczystą drogę prowadzącą na pastwisko. Jest przestraszona, ale wolna, przynajmniej na jakiś czas. W tym momencie podjeżdżamy do stajni. Lili przebiega tuż obok naszego samochodu Wanda i ja patrzymy na siebie zatrwożeni, co się stało, skąd Lili jest na wolności? Te pytania czekają na uzasadnioną odpowiedź. Podjeżdżamy bliżej stajni. Joanny już tam nie ma. W tym momencie Joasia dobiega do drzwi frontowych domu Krochmalskiego i jego żony Małgorzaty Domańskiej. Uwolniła się z rąk jej oprawcy. Mocno wali pięścią w twarde drewno dębowe. Nikt nie odpowiada na ten rumor. Joanna wykrzykuje imię żony Krochmalskiego: „Małgorzata, Małgorzata, gdzie jesteś", ale w dalszym ciągu wokół domu panuje kompletna, złowroga cisza. Joanna biegnie z powrotem w kierunku stajni i znajduje tu, leżącego na podłodze werandy mężczyznę przebitego w okolicach klatki piersiowej widłami, które tak niedawno trzymała w dłoni. Zaczyna łkać i ponownie żalić się nad jej skomplikowanym losem. W tej samej chwili dzieją się dwie rzeczy: młody koniuszy państwa Krochmalskich pojawia się na werandzie i widzi ciało leżącego mężczyzny, ja razem z Wandą podjeżdżamy do stajni, a światło reflektorów mojego samochodu pada na twarz zapłakanej Joanny. Na pierwszy rzut oka wszystko wygląda jasno i klarownie, Joanna zamordowała człowieka. Młody koniuszy nachyla się nad ciałem leżącego mężczyzny i w tym momencie inny koniuszy, znacznie starszy, dobiega do niego, pytając, co się dzieje. „Pan Krochmalski nie żyje", odpowiada młody koniuszy".Pan Piotr Krochmalski, nie może być", pyta starszy koniuszy. „To przejrzyj się dobrze", dodaje młodszy koniuszy. Joanna wpada w jeszcze głębszą histerię. Razem z Wandą stajemy przed oczami Joanny, która zrozpaczonym głosem szepcze: " Nie chciałem tego zrobić, nie chciałam tego zrobić, nie chciałam tego zrobić", Joanna chowa twarz w rękach, płacząc histerycznie. Po kilku minutach zjawia się policja, zawiadomiona przez starszego koniuszego i po szybkich oględzinach, aresztuje Joannę za morderstwo. Uzyskałem zezwolenie na wizytę w areszcie śledczym następnego ranka. Nie mogłem spać przez całą noc, czułem, że jest coś niedobrego w tej całej sytuacji, coś mi tam nie pasowało, Joanna nie jest osobą, która może zabić człowieka widłami, uderzając prosto w klatkę piersiową. Wanda spędziła noc ze mną, ale i ona kręciła się z boku na bok. W końcu zegar pokazał godzinę siódmą, wzięliśmy wspólny prysznic i natychmiast udaliśmy się do aresztu. Policjantka wprowadziła Joannę do pokoju przesłuchań, gdzie już na nią czekałem. Joanna usiadła przy stole z bardzo zatrwożonym obliczem, w ciągu tej jednej nocy postarzała się o pięć lat, może nawet więcej. Była trudna do rozpoznania, walczyła z jakimś moralnym wirusem zasiedziałym w jej duszy i wydawało się, że straciła także wiarę w Boga. Biedne stworzenie, które już nie liczyło na łaskę niebios, nie wspominając już o łasce człowieka, była zdruzgotana myślą o dalszym życiu, bez podstawy finansowej, bez przyjaciół i jakiejkolwiek ochrony od kogokolwiek. Poprosiłem Joannę, najdelikatniej jak tylko potrafiłem, o dokładne sprawozdanie z ostatniej nocy. „Joasiu, powiedz, jak tylko najlepiej potrafisz, co się wydarzyło zeszłej nocy? Nie spiesz się, ja mam czas, jestem tu po to, aby ci pomóc". Joanna popatrzyła na mnie zamglonymi oczami, widzę, że chce się wsiąść w garść i udzielić mi dokładnej odpowiedzi, najlepszej, na jaką ją stać. „Wie pan, panie mecenasie", zaczęła cichym głosem Joanna. „Chciałam odzyskać to, co moje, coś, co najbardziej kocham w życiu, to jest Lili, ukradziono mi ją, bezczelnie, grubiańsko, bez konsultacji". „Chyba podzielam twoje zdanie, ale chciałbym, abyśmy rozmawiali o ostatniej nocy. Powiedz mi, co się wydarzyło, najdokładniej jak tylko możesz", próbuję skierować dziewczynę na odpowiedni tor naszej rozmowy. Płacze nad utraconym koniem nie mają w tej chwili znaczenia, chodzi przecież o jej życie, nie jestem pewien czy Joanna zdaje sobie z tego sprawę. Za morderstwo grozi kara śmierci, czy ona o tym wie? „Tak rozumiem, już mówię to, co pamiętam", ponownie zaczęła Joanna nieco mocniejszym głosem. „Otóż jak wyprowadzałam Lili ze stajni, nagle jakaś ręka chwyciła mnie za ramię. Przerażona odwróciłam głowę i zobaczyłam Piotra Krochmalskiego, miał straszną twarz, twarz diabła, wpadłam w popłoch, spanikowałam, ogarnęła mnie groza i strach, wpadłam w histerię. Piotr chwycił za widły, które co dopiero podniosłam z drewnianej podłogi werandy, zaczęliśmy się siłować, próbowałam przejąć kontrolę nad grabiami, ale on trzymał mocno, popchnąłem go tak mocno, jak tylko mogłam, Krochmalski potknął się o coś i upadł na plecy, rzuciłam w niego widłami, tak myślę. Zaczęłam wtedy biec w kierunku domu żony Krochmalskiego. Po jakimś czasie dopadłam do drzwi, waliłam mocno pięścią, ale nikt ich nie otworzył. Zaczęłam ponownie biec w stronę stajni, chciałam pomóc Krochmalskiemu i wtedy zjawił się młody koniuszy, a po nim ten starszy, młodszy powiedział, że pan Krochmalski nie żyje. Wtedy zjawił się pan, dalej już pan wie". „Joasiu, czy wbiłaś widły w klatę piersiową Krochmalskiego", pytam wprost. „Byłam przerażona, pamiętam, że rzuciłam widły w jego kierunku". „Czy trafiłaś go widłami". „Nie wiem, nie patrzyłam w jego stronę, tylko natychmiast pobiegłam do domu, szukając pomocy, ale nie było tam nikogo". „Po tym, jak rzuciłaś widły w stronę Krochmalskiego, czy on pobiegł za tobą?", pytam o kolejny szczegół, który może okazać się bardzo istotny na sali sądowej. „Jeżeli bym go nie trafiła, to zapewne pobiegłby za mną. Musiałam go trafić tymi przeklętymi widłami", dodała Joanna przekonująco. Próbuję ją uspokoić. „Nie Joasiu, nie koniecznie. Jest raczej mało prawdopodobne, że widły uderzyły go tak mocno, że przebiły mu klatkę piersiową". Oczy Joanny pokazały iskierkę nadziei. „Panie mecenasie, czy jest prawdopodobne, że Krochmalski potknął się i upadł na widły. Czy to mógł być zwykły wypadek?" „Nie Joasiu, nie mógł być to wypadek. Koniuszy twierdzi, że Krochmalski próbował bronić jego własności przed kradzieżą". „Ale ja niczego nie kradłam, zrobiłam to, co powiedziała mi, aby zrobić, żona Krochmalskiego w czasie naszej rozmowy telefonicznej". Nikt dotychczas nie wspomniał o tym szczególe, rozmowie telefonicznej pomiędzy Joanną a żoną Krochmalskiego. Zaciekawienie moje wzrasta dramatycznie. „Żona Krochmalskiego zadzwoniła do ciebie?", pytam, aby upewnić się, że dobrze usłyszałem wypowiedź Joanny. „Tak, zadzwoniła do mnie". „Czy telefon nastąpił po tym, jak opuściłaś twoje mieszkanie?" „Tak właśnie, panie mecenasie. Krochmalska powiedziała mi, abym natychmiast zjawiła się w jej posiadłości i zabrała Lili. Dodała, że nikogo nie będzie w stajni o tej porze. Dokładnie właśnie to powiedziała". Joanna czuła ulgę po tej spowiedzi, ale popatrzyła w przestrzeń rozchwianym wzrokiem, w dalszym ciągu za mgłą, nieobecnym. Mój następny ruch był oczywisty, musiałem sprawdzić, czy żona ofiary, zadzwoniła do Joanny i zachęciła ją od odwiedzenia jej posiadłości i zabrania Lili. Pani Krochmalska była obecna, kiedy zadzwoniłem do jej drzwi. Nie była zdziwiona moją wizytą, a raczej jakby jej oczekiwała. Była elegancko ubrana w twarzową, wieczorową sukienkę, tak jakby miała gdzieś się zjawić na przyjęciu dla lepszego towarzystwa. Krochmalska zaprosiła mnie do środka domu i zaoferowała miejsce na kanapie, największym meblu w tym przytulnie, ale wytwornie urządzonym salonie. Nie było potrzeby na małe gierki słów, dlatego też zapytałem wprost: " Czy zadzwoniła pani wczoraj wieczorem do Joanny i wydała przyzwolenie na odebranie Lili z pani stajni?" „Tak dzwoniłam, ale nie miałam pojęcia, że coś tak okropnego może się wydarzyć", odpowiedziała Krochmalska z prawdziwym wyrazem smutku w jej głosie i gestach. Była wiarygodna w tym stwierdzeniu, przynajmniej na teraz. Kontynuuje moje pytania: „Musiała jednak pani oczekiwać, że mogły być jakieś komplikacje i ewentualne starcia pomiędzy pani mężem a Joanną?" „Ale jego miało nie być w domu. Byliśmy umówieni na kolację w znanej restauracji, ale on się nie zjawił. Panie mecenasie, wiem pan dobrze, że moje stajnie nie potrzebują

Lili. Kiedy Joanna tak gorąco protestowała w sprawie sprzedaży klaczy, byłam gotowa do skasowania tej transakcji", w dalszym ciągu Krochmalska jest bardzo rzetelna w jej odpowiedziach. Nie mam do czego się przyczepić, ale proste pytanie ciśnie się na usta: „Dlaczego pani poinstruowała Joannę, aby przyjechała odebrać klacz o tak późnej porze, nikogo o tym nie informując, nawet pani męża?" „Ta późna pora wydawała mi się najbardziej odpowiednią. Jest to czas ciszy, nikogo nie powinno być w posiadłości, Joanna mogła zabrać klacz bez jakichkolwiek problemów", Krochmalska wydaje się, że traci nieco animusz, zaczyna przebierać palcami, pojawiają się na jej czole dodatkowe zmarszczki, jej głos nieco słabnie. Robię się czujny. Może jednak Krochmalska coś ukrywa, coś ciśnie na jej duszę, jakaś wina, jakaś nieprzemyślana akcja lub czyn. Krochmalska dodaje po chwili zastanowienia: „Wie pan, panie mecenasie, mój koniuszy miał wcześnie rano, dokładnie o szóstej rano, zabrać część moich koni do innej stajni, po drugiej stronie Warszawy. Nie chciałam, aby przez pomyłkę zabrał ze sobą Lili". Krochmalska patrzy mi w oczy, chcąc sprawdzić, czy jej wytłumaczenie znajduje u mnie zrozumienie. Nie pozwoliłem jej wyciągnąć żadnego wniosku. Mój wyraz twarzy pozostaje ten sam, profesjonalny. „Jak panią zrozumiałem, opowiedziała się pani za skasowaniem transakcji zakupu klaczy, ale czy pani móż, podzielił pani zdanie?" Próbuję dalej penetrować duszę Krochmalskiej, zakładając, że ją ma, i uzyskać dalsze informacje, które mogłyby zakłócić jej linię obrony. Tak w tej chwili jest, Krochmalska przedstawia swoją linię obrony z ewentualnych zarzutów o zaaranżowanie morderstwa. „Wie pan, panie mecenasie, Piotr był twardogłowcem. Kupno niesprawdzonej klaczy za pięćdziesiąt tysięcy, nie trzyma się kupy, nie ma finansowego sensu". Krochmalska usiadła blisko mnie, na kanapie, jakby chciała sprawdzić, czy moje serce bije jej dzwonami. Nie zmieniłem mojego spojrzenia, patrzę jej prosto w oczy, ale ona unika mojego wzroku. Z dobrze znanym moim zawodowym uśmieszkiem pytam dalej: " Czy pięćdziesiąt tysięcy to jest niespotykana cena, w pani ocenie, zbyt wysoka?" „Panie mecenasie, jeżeli Piotr zapłacił był za Lili dziesięć tysięcy, to uznałabym to za bardzo szczodrobliwą ofertę". Twarz Krochmalskiej się zmieniła, była teraz surowa i nawet wściekła, ta wysoka cena zapłacona za Lili siedzi jej na nerwach, wyraźnie to jest widać. Krochmalska dodaje: „Pięćdziesiąt tysięcy za Lili to jest morderstwo, chciałam powiedzieć, że jest to coś wręcz wulgarnego". „Dlaczego więc wyraziła pani zgodę na tę astronomiczną cenę?" „Nie wyraziłam zgody. Piotr zrobił to sam, bez poinformowania mnie lub naszego trenera. Nic nie wiedziałam o tej sprzedaży aż do momentu, kiedy Joanna zjawiła się w naszym domu. Chciałam tylko pomóc Joannie, kiedy do niej zadzwoniłam i powiedziałam jej, aby odebrała tę klacz. Jest mi bardzo przykro za to, co się wydarzyło. Chcę nawet jej pomóc, jeżeli Joanna tylko przyjmie moją pomoc". Krochmalska coraz bardziej wygląda jak Judasz, który próbuje odkupić swoje winny. Na tę chwilę nie wiem, co mam o tym myśleć, ale nie wygląda to dobrze, dla Krochmalskiej. „To bardzo uprzejme z pani strony, pani Krochmalska", dodałem w jej tonie. Krochmalska wstaje z kanapy i groźnym głosem wskazuje: „Szczególnie kiedy Joanna ma takiego wujka. „Co ma pani na myśli?" Krochmalska stoi do mnie plecami, nie widzę jej twarzy, może nie chce, abym widział ją w złości, w napięciu, które może ją zdradzić. „Waldemar Kosztorys powinien wiedzieć coś niecoś na temat koni. Czy nie wydaje się panu podejrzane to, że Kosztorys sprzedał Lili za pięciokrotność jej wartości?", Krochmalska odwróciła się w moim kierunku i zbliżyła się do mnie o dwa kroki. Patrzy mi ostro i zdecydowanie w oczy oczekując potwierdzenia jej słów. Jej uwaga o stricte finansowej warstwie transakcji dała mi wiele do myślenia. Uznałem, że nasza rozmowa dzisiaj dobiegła końca. Wstałem z kanapy, uprzejmie podziękowałem za rozmowę i skierowałem się w stronę

Warszawy, aby porozmawiać z wujkiem Joanny, panem Kosztorys. Rozmowa zapowiadała się bardzo interesująco. Sekretarka Kosztorysa przywitała mnie bardzo uprzejmie po czym, powiedziała, że sprawdzi, czy szef jest wolny i może ze mną porozmawiać. Wstała od biurka i weszła do gabinetu wujka Joanny i zaledwie kilka sekund później zjawiła się ponownie i oznajmiła, że pan Kosztorys czeka na mnie. Podziękowałem za wiadomość i wszedłem do gabinetu. Kosztorys czekał na mnie, siedząc za bardzo wykwintnym i w dobrym guście biurkiem wyglądającym jak z ubiegłego wieku. Usiadłem naprzeciw businessmana, zadając mu pierwsze pytanie, które być może rozwieje kilka wątpliwości, jakie się nagromadziły w tej sprawie. „Dlaczego nie zwrócił mi pan uwagi na to, że cena zaoferowana przez Krochmalskiego była pięć razy wyższa od prawdziwej wartości klaczy Joanny?" „Nie poinformowałem pana o tym, panie mecenasie, ponieważ pan mnie o to nie zapytał", nieco zdziwiony powiedział Kosztorys, ale w dalszym ciągu z nutką kompletnego zaufania w jego działania i słowa. Kosztorys wstał zza biurka i otacza mnie z mojej lewej flanki. Moja mina jest dosyć kwaśna, szczególnie kiedy Kosztorys stwierdza, że powinienem zdawać sobie sprawę jak dobry był to zakup. „Sądziłem, że pan wie coś niecoś o koniach panie mecenasie i będzie w stanie zauważyć jak znakomita była to oferta", uszczypliwie zauważa Kosztorys, patrząc na mnie zwycięskimi oczami. Zatrzymał się przy oknie, patrzy na mnie i jednocześnie zagląda na to, co się dzieje na ulicy tego dynamicznego miasta. Gra pewniaka bez skazy, był w takich sytuacjach już wielokrotnie i większość z nich wygrał. Czuje, że ubije zwierze, zanim zobaczy ją martwą na polu pod płaczącą brzozą o długich ramionach sięgających do niskiej, żółtej trawy. „Musiałem przyjąć taką ofertę bezwzględu na uczucia Joanny", dodał raz jeszcze z wręcz nonszalancką pewnością w jego głosie. Muszę przejść do ataku. Kosztorys siedzi na mnie okrakiem, śmiejąc się pod nosem z mojej końskiej niewiedzy. „Panie Kosztorys, czy wiedział pan, że Krochmalski kupuje klacz bez wiedzy jego żony i trenera?" „Tak wiedziałem", odpowiedział krótko Kosztorys z lekkim załamaniem w jego głosie. „Biorąc pod uwagę niewiarygodnie zawyżoną cenę za klacz czy nie uderzyło pana, że jest tu coś nie w porządku?", pytam dalej z twarzą prokuratora łapiącego rybkę na płytkiej i zamulonej wodzie. „Krochmalski zna Lili bardzo dobrze. Uczestniczył w jej sprawdzianach w posiadłości Joanny. Znał klacz przed tym, zanim poślubił obecną panią Krochmalską. To małżeństwo było całkowitym zaskoczeniem dla całego Konstancina. Krochmalska, jak sądzę, była powyżej jego sfery socjalnej i chciał zrobić coś spektakularnego, chciał to zrobić sam, aby udowodnić, że jego miejsce jest u boku tak bogatej kobiet, jak obecna pani Krochmalska, chciał przekonać nieprzekonanych o jego przynależności do śmietanki naszego kraju. Nalegał na mnie, bardzo mocno, aby nasza transakcja została zamknięta na jego warunkach. Chciał to zrobić, zanim trener koni Krochmalskich wróci z jego podróży", to była najdłuższa tyrada, jaką wygłosił Kosztorys podczas naszej rozmowy. Czułem w nim rosnący niepokój, zniecierpliwienie moimi precyzyjnymi pytaniami. Prawdopodobnie oczekiwał z mojej strony przyjemnej konwersacji, a nie inwigilacji w stylu posterunku policyjnego. Pytam dalej, ponieważ pojawił się nowy wątek trenera koni w posiadłości Krochmalskich. „Dlaczego Krochmalski nie chciał, aby przy zakupie klaczy nie uczestniczył jego trener?" „No cóż, chciałbym czasami być gorszym businessmanem, a lepszym wujkiem dla Joanny. Przynajmniej pan się nią opiekuje w tych ciężkich dla niej czasach. Nie sądzi pan, że Joanna ma coś wspólnego z tym morderstwem, prawda?", Kosztorys przekierował tory rozmowy na nowy tor, nie odpowiedział na moje pytanie. „Jestem przekonany, że tego nie zrobiła", dodałem mocniejszym głosem, niż na to wskazywała nasza dotychczasowa rozmowa. „Tak więc na co pan czeka", pyta Kosztorys.

„Problem polega na tym, że komisarz policji, jak i prokurator nie podzielają mojego zdania". Kosztorys spojrzał na mnie zawiedzionym wzrokiem, z obawą, tym razem, jak sądzę o Joannę, a nie o jego sytuację. Był to dla mnie ciężki dzień, dlatego też doszedłem do wniosku, że obiad w przytulnej restauracji z Wandą będzie gratyfikującym zakończeniem dnia. Wanda czekała na mnie w mojej kancelarii, tak jak to zwykle robi, znakomita pomoc dla mnie w czasie pracy no i po. Nie da się ukryć, że Wanda to bardzo atrakcyjna kobieta o wielu walorach cielesnych i duchowych, wielka dla mnie pomoc i strażnik mojej równowagi życiowej. Po obiedzie pojechaliśmy do mojej willy, gdzie spędziliśmy ciekawą noc. Wstałem wcześnie, aby złapać komisarza prowadzącego sprawę Joanny, zanim wyruszy na miasto. Byłem na czas. Komisarz Walendziak był ubrany w długi, deszczowy plaszcz, kiedy zapukałem do jego drzwi. „Mam nadzieję, że nie przeszkadzam komisarzu, ale chciałem...", nie dokończyłem zdania, kiedy Walendziak powiedział. „Witam pana mecenasa, oczekiwałem pana, proszę usiąść", Walendziak przywitał mnie ciepłem policjanta, co w jego przypadku, można by uznać za ciepło zwykłego człowieka z krwi i kości, i duszy bojącej się Boga. Znamy się od dłuższego czasu na niwie zawodowej, nietowarzyskiej. Komisarz Walendziak nie bywa w sferach, z którymi ja mam zazwyczaj do czynienia, ale uznaję go za poczciwego człowieka, męża średniej urody żony i dwójki uczących się dzieci. Liczy sobie około czterdziestu pięciu lat, ale wygląda na nieco więcej, prawdopodobnie z powodu jego zajęcia wymagającego kontaktów z nie zawsze najlepszą grupą wśród naszego ludzkiego gatunku. „Komisarzu, czy jest pan pewien, że to Joanna zamordowała Krochmalskiego", pytam wprost, oczekując od niego szczerej odpowiedzi. I nie zawiodłem się. „Fakty mówią same za siebie. Odciski palców Joanny znaleźliśmy na narzędziu mordu. Są wszędzie na tych nieszczęsnych widłach. Zgodnie z naszym śledztwem Joanna Żurawska jest ostatnią osobą, która miała w swoich rękach widły, narzędzie, którym zamordowano Krochmalskiego". Słuchałem komisarza z pełną uwagą i wydało mi się przez moment, że on też ma wątpliwości o winie Joanny. Może tylko mi się tak wydawało. Być może to jest jego rutynowy sposób bycia i opowiadania o jego pracy, ale jeżeli mam racje, że on też podważa dotychczasowe wyniki śledztwa, to znaczy, że jest nadzieja na znalezienie prawdziwego mordercy. Wierzyłem, że jest to możliwe. Nie są to moje pierwsze wyścigi i wiem, na co mnie stać, na wyjaśnienie sprawy, zanim Joanna znajdzie się pod szubienicą. Komisarz kontynuował jego wypowiedź: „Chcę pana poinformować, panie mecenasie, że prokurator wyznaczył datę pierwszych przesłuchań". „To bardzo uprzejmie z pana strony, panie komisarzu", odpowiedziałem grzecznie, udając się w stronę drzwi. Komisarz ponownie włożył swój płaszcz i pożegnał się ze mną słowami: " Do widzenia mecenasie, do zobaczenia". Komisarz włożył kapelusz na pokrytą brakiem włosów głowę i podążył za mną. Była nadzieja na rozwiązanie zagadki, ale następne moje kroki muszą być szybkie i zdecydowane. Udałem się natychmiast do mojej kancelarii, a tam czekała na mnie niespodzianka. Współlokatorka Joanny i właścicielka mieszkania, w którym przebywała Joanna, czekała na mnie przy moim biurku. „Witam panie mecenasie, chciałabym z panem porozmawiać", powiedziała Roberta Marciniak na mój widok. „Czy mam podać kawę lub herbatę, szefie?", zapytała Wanda z jej codzienną przytulnością. „Czego pani się napije, kawy czy herbaty?", ja z kolei pytam mojego gościa. „Proszę o kawę, ze śmietanką, jeżeli mogę prosić?", odpowiedziała Roberta. „Ależ oczywiście, a dla szefa to samo, jak rozumiem?", pyta teraz Wanda. „Tak Wandziu, dziękują", odpowiedziałem, czekając niecierpliwie, na ujawnienie celu wizyty Roberty w mojej kancelarii. „Czy widział pan Joannę, jak się trzyma, to biedne stworzenie", zapytała Roberta z troską w głosie. Moja twarz nie wyglądała na entuzjastyczną, ale odpowiedziałem: „Sądzę, że daje sobie radę, tak myślę". „Za chwilę złożę jej wizytę, chciałabym zabrać dla niej kilka rzeczy, które być może potrzebuje". „Zanim pani wyruszy do aresztu, chciałbym zadać pani kilka pytań. Nie ma pani nic przeciwko temu?". „Oczywiście, że nie, proszę pytać", mała chmurka niepokoju usiadła na obliczu Roberty, ale próbowała tego po sobie nie poznać. Jestem w tym fachu zbyt długo, aby nie zauważyć tych maleńkich zmian na twarzy moich rozmówców, tej jednej dodatkowej zmarszczki, która mogła uciec uwadze mniej doświadczonych prokuratorów, adwokatów, czy policjantów. Wanda zasiada przy biurku z jej piórem i zeszytem do robienia stenogramów. Patrzy na mnie uważnie, dobrze mnie zna. Wie, że wyraz mojej twarzy żąda odpowiedzi na dręczące mnie pytania. „Pani Roberto, jak długo pani pracowała w roli sekretarki ojca Joanny?". „Prawie dwa lata", odpowiedziała pewnie Marciniak. „Czyli była pani w posiadłości Joanny, wtedy kiedy pojawił się tam Piotr Krochmalski, prawda?".

„Tak, byłam tam w tym czasie". „Czy Krochmalski poznał Joannę dzięki pani?". „Tak. Policja już to wie, to dlaczego pan nie ma tego wiedzieć", twarz Roberty jest już inna niż te kilka sekund temu. Marciniak jest znacznie bardziej uważna w jej wypowiedziach, słowa wydobywają się zza zaciśniętych warg, syczą się na zewnątrz, jak jad kobry. „Panie mecenasie, Piotr Krochmalski i ja byliśmy małżeństwem około siedmiu lat temu, ale tylko przez jeden miesiąc". Wanda jest wyraźnie zaskoczona tą informacją, a i ja, nie ukrywam, jestem także skonfundowany. Marciniak kontynuuje: " Mniej więcej, przed rokiem, Piotr zauważył mnie na wyścigach, na Służewcu, z Joanną i jej ojcem, nie było to nic nadzwyczajnego, zwykła sprawa, tak więc przedstawiłam go Joannie i jej ojcu. Obydwoje polubili go. Nie było w nim nic dobrego, ale miał w sobie tyle czaru i szarmanckości, rozumie pan, szczególnie dla kobiet był przeuroczy, zwykły uwodziciel, w masce potwora", dodała Roberta z wyraźnym wyrazem bólu i minionego cierpienia zadanego przez tego kasanowę z toru wyścigów konnych. „Czy Joanna lub jej ojciec wiedzieli o pani małżeństwie z Krochmalskim?". Twarz Roberty nabiera wyrazy cytryny wyciśniętej z jej życiowego soku. „Nie panie mecenasie, byłam zawstydzona tym małżeństwem. Może mi pan wierzyć, że bardzo chętnie bym ich poinformowała kim naprawdę jest Krochmalski, jeżeli tylko doznałabym jakiegoś olśnienia, a Joanna była wystarczająco dorosła. Wiem co pan myśli, mecenasie. Zastanawia pan się czy małżeństwo Krochmalskiego z tą bogatą kobietą z sąsiedztwa było szokiem dla Joanny. Zapewniam pana, że Joanna przyjęła te rewelacje ze spokojem", Marciniak zakończyła wypowiedź mocnym głosem kryjącym niepewność i poczucie winy za fakt poznania Joanny z jej byłym mężem. Pytam dalej: „I co dalej się wydarzyło?". Marciniak spuściła głowę i powiedziała: "Potem Joanna dowiedziała się, że Krochmalski kupił Lili. Ze wszystkich ludzi na tym świecie, dlaczego to on kupił tę klacz?", podniosła głos Marciniak z ogromnym żalem w jej tonie i jakby złością, że spotyka ją coś tak okropnego przy jej niezamierzonym udziale. „To jest na pewno dobre pytanie". Dzwoni telefon znajdujący się na biurku, odbiera go Wanda: „Słucham, tak już oddaję słuchawkę. To Paweł". Odbieram słuchawkę od Wandy i mówię: „Tak Paweł, co dla mnie masz?". „To jest to co mam dla ciebie w tym momencie. Żona Krochmalskiego była w 'Czerwonym zajeździe' ostatniej nocy. Przybyła tak o godzinie dwudziestej trzydzieści i opuściła lokal o godzinie dwudziestej pierwszej. Nie wiem, gdzie się udała po tej wizycie. „Wiktor i dwóch koniuszych byli zaangażowani grą w pokera. Gra zakończyła się przed czasem. Trener Krochmalskich opuścił posiadłość tuż przed południem, ale nie byłem w stanie ustalić, co się z nim stało później". „Trener Krochmalskich?", chciałem się upewnić, że dokładnie zrozumiałem Pawła. „Tak właśnie, trener Krochmalskich", potwierdził Paweł. „Tyle że on miał wrócić do Konstancina w przyszłym tygodniu", dopytuję Pawła i w tym samym czasie pytam samego siebie, co go skłoniło do wcześniejszego powrotu. „Nic nie wiem na ten temat, ale zjawił się powtórnie w Warszawie wczoraj rano, przybył do Konstancina około dziesiątej i około południa wybrał się na miasto tyle, że nie wiem dokąd", dodał Paweł. „A co z trenerem Joanny, gdzie on się podziewa?", pytam Pawła. „Powinien już być w posiadłości Joanny, Wybieram się tam w tej chwili". „Dzięki Pawle, wstąp do mnie przed wyprawą do Konstancina, pojedziemy tam razem". Chciałem być świadkiem rozmowy z trenerem Joanny, panem Marczewskim. Może okazać się bardzo interesująca. Paweł zjawił się w mojej kancelarii dwadzieścia minut później. Zleciłem Wandzie opiekę nad kancelarią, chociaż tego robić nie musiałem, Wanda zna jej obowiązki perfekcyjnie. Wsiedliśmy do mojego samochodu i ruszyliśmy na rozmowę z Marczewskim. Zanim dotarliśmy do Konstancina w kompleksie stajni w posiadłości Joanny, miała miejsce rozmowa pomiędzy Marczewskim a trenerem Małgorzaty Domańskiej, wdowy po Piotrze Krochmalskim. Rozmowa nie przebiegała w przyjaznym tonie. „Co ty tu robisz, Walczak? Wynoś się z tej posiadłości!", wyraźnie zdenerwowany Marczewski zażądał od trenera Walczaka. „Nie ma pośpiechu, Marczewski. Zostanę tu tak długo, jak będę musiał, aby wyjaśnić okoliczności sprzedaży klaczy Lili", spokojnie odpowiedział Walczak, patrząc prosto w oczy Marczewskiego. Walczak był wyższy o niemalże głowę od Marczewskiego i dzięki temu uzyskał nad nim psychologiczną przewagę. Walczak kontynuował: "Wiedziałeś o tym interesie z Lili, ale trzymałeś mordę na kłódkę i pozwoliłeś, aby została sprzedana". „Walczak, to nie była moja transakcja i także nie twoje pieniądze, dlatego też nie mieszaj się w te sprawy", dał mu do zrozumienia Marczewski, wyciągając na światło dzienne wszystkie jego atuty. „Widzisz Marczewski, ja decyduję o tym, czy jest to moja sprawa, czy też nie. Oświadczam ci, że jest to moja sprawa, czy to jest jasne?", dodał mocniejszy głosem Walczak, mówiąc do skrzywionej twarzy Marczewskiego, który stracił animusz, jakim jeszcze dysponował przed kilkoma sekundami. „Rozumiem człowieku, chcesz zostać bohaterem. Każdy wie, że masz migdałowe oczy na obecną wdową Krochmalską, i to od dobrych kilku lat. I teraz skoro młody mąż jest w grobie, to chcesz...", Marczewski nie dokończył zdania. Walczak złapał go za klapy kurtki i podniósł do góry, blisko jego twarzy. Marczewski zamierzał się uderzyć biczem twarz Walczaka, kiedy zauważył mnie i Pawła zbliżających się stajni. „Poczekaj człowieku, mamy gości", powiedział Marczewski, nie chcąc, aby jego wymiana zdań z Walczakiem wyparowała na światło dzienne. Walczak wypuścił z garści klapy Marczewskiego, spojrzał na niego z pełną pogardą, wsiadł do jego małej ciężarówki i odjechał z miejsca wydarzenia w momencie, kiedy ja i Paweł osiągnęliśmy cel naszej wyprawy. Spojrzałem za odjeżdżającym Walczakiem, po czym podeszliśmy do Marczewskiego. Przedstawiłem mu Pawła: „To jest Paweł, detektyw, z którym współpracuję". „Dzień dobry panu", odpowiedział Marczewski. Ponownie maska pewności wróciła na jego oblicze. Marczewski i Paweł uścisnęli sobie dłonie. „Kto to był, pana przyjaciel panie Marczewski?", pytam z zainteresowaniem trenera. „To był Walczak, trener Krochmalskich, a teraz ponownie Domańskiej ", odpowiedział Marczewski. „A o co było to siłowanie się?", zapytał Paweł. „To jest sprawa prywatna, tylko między nami", odpowiedział Marczewski z kwaśną miną wysuszonej śliwki. „O czym Walczak chciał z panem porozmawiać?", kuję żelazo, póki gorące, jak sądzę. „Wie pan, panie mecenasie, Walczak nie był zwolennikiem zakupu Lili do jego stajni. Doszedł do wniosku, że ja muszę mieć coś wspólnego z samym zakupem klaczy", dodał Marczewski. „A miał pan coś wspólnego z tą transakcją?", pytam dalej. „Nie, absolutnie, nie miałem nic wspólnego z tą transakcją", odpowiedział nieco zmieszany trener i dodał: "Pierwszy raz dowiedziałem się o sprzedaży Lili, wtedy kiedy pan Kosztorys do mnie zadzwonił i kazał przetransportować Lili do stajni Krochmalskich". „Jak długo pan znał Piotra Krochmalskiego?', pytam dalej. „On po prostu kręcił się tutaj przy tej posiadłości". „Jest pan pewien, że nigdy wcześniej nie spotkał pan Krochmalskiego?, teraz pyta Paweł i dodaje: „Chyba nie było łatwo przekonać Piotra Krochmalskiego, że powinien zapłacić za Lili pięćdziesiąt tysięcy, znacznie powyżej jej rynkowej wartości?", twarz Marczewskiego robi się mniejsza, dziwacznie skrzywiona w jakimś grymasie trwogi, a może zwykłego fizycznego bólu. Ta rozmowa nie przebiega po jego myśli. Jest zmęczony, czuje, że potrzebuje pięćdziesiątkę czystej, aby doprowadzić nerwy do porządku. „Mówi pan poważnie, pięćdziesiąt tysięcy? Panie mecenasie, powiedziałem już panu, kilka razy, że nie mam nic wspólnego ze sprzedażą Lili", ponownie zapewnił mnie Marczewski. „Walczak ma inne na ten temat zdanie, prawda?", penetruję duszę Marczewskiego, czekając na dalsze objawienia płynące z jego ust. Marczewski się zatarł, już nic konkretnego nie wypłynęło z jego ust. Nadszedł czas na ponowną wizytę z młodą wdową po Piotrze Krochmalskim, może otworzy usta nieco szerzej i uzyskam więcej informacji dotyczących relacji pomiędzy nią a jej zmarłym przedwcześnie mężem. Domańska przyjęła nas profesjonalnie, nie tak ciepło, jak to miało miejsce zaledwie wczoraj rano. Paweł jest ze mną. Może mieć do niej pytania, które mnie by nie przyszły na myśl. Wdowa pojawiła się w eleganckim zestawie żakietu i spódnicy, wyglądała nawet powabnie jak na kobietę o przeciętnej urodzie, bez fajerwerków, ale z majątkiem widocznym na jej twarzy, twarzy pewnej siebie, walczącej o swoje, nieuległej zmiennym wiatrom, słońcu czy huraganowi deszczu w zimny listopadowy miesiąc roku. Weszła do salonu pewnym krokiem, widać, że sprawdzonym wielokrotnie w ciągu jej życiowych zmagań i oznajmiła: "Posłałam po kawalkatora Walczaka. Powinien się tu zjawić za kilka minut". Stanęliśmy twarzą w twarz a Paweł zajął pozycję na lewej flance Krochmalskiej. „Czy zechciałby pan, panie mecenasie, poinformować mnie, dlaczego chce pan się widzieć z Walczakiem?", pyta dalej Krochmalska. „Dowiedzieliśmy się, że Marian Walczak wrócił do Konstancina wczoraj po południu", pytam Krochmalską. Kobieta rzuca krótkie spojrzenie na twarz Pawła i odpowiada: „Tak, to prawda", mówi spokojnie wyciszonym głosem. „Był to raczej nieoczekiwany powrót?", szybko dodaję. „Tak, po prostu zakończył jego robotę wcześniej i natychmiast wrócił do domu", mechanicznie odpowiada Krochmalska patrząc, tym razem, w moją twarz. Do rozmowy włącza się Paweł: "Mieliśmy nadzieję, że Walczak będzie w stanie rzucić nowe światło na zakup Lili". „Ale przecież Walczak był nieobecny, kiedy dokonano sprzedaży Lili", refleksyjnie odpowiada wdowa. „To prawda, ale niespełna godzinę temu odwiedził posiadłość Joanny i rozmawiał niezbyt przytulnie z trenerem Marczewskim na temat sprzedaży klaczy", dodaje Paweł co czyni Krochmalską nieco zmieszaną. Do salonu wchodzi berajter Walczak tuż za plecami Krochmalskiej i staje obok niej, oczekując reakcji od zakłopotanej wdowy. Niesie na szerokich ramionach dużą marynarkę koloru khaki i stajenne spodnie. Walczak to przystojny mężczyzna w wieku naszej wdowy. Czuje się, że istnieją pomiędzy nimi jakieś poza zawodowe kontakty, wręcz familiarność. „Panie Walczak, to jest mecenas Jarosz, adwokat Joanny Żurawskiej, a to jest pracujący dla niego prywatny detektyw, pan Paweł", przedstawia gości Krochmalska. Natychmiast zadaję pytanie: "Ma pan godną do pozazdroszczenia reputację, trenerze Walczak", witam Walczaka z małym uśmiechem na twarzy i kontynuuję: "Rozumiem, że zakup nowych koni do stajni pani Krochmalskiej nie może się odbyć bez pana zgody, to znaczy do momentu, kiedy zakupiono klacz Lili", pytam i obserwuję, że twarz Krochmalskiej wykręca się w robaka na wędce, ale Walczak nie wykazuje zainteresowania. „Czy może pan przejść do sedna sprawy, panie mecenasie", Walczak spokojnie kieruje rozmowę na jego interesujący tor. Krochmalska patrzmy na jej trenera z dużym niepokojem. „Czy powodem wizyty u Marczewskiego był zakup Lili do tej stajni", zasięgam opinii u Walczaka. „To nie pana sprawa", twardo reaguje Walczak. Krochmalska próbuje go zaprowadzić na bardziej cywilizowaną rozmowę. „Marian, proszę", błaga wdowa. „Rozmawiał pan z Marczewskim, co on panu powiedział?, pewnie pyta Walczak patrząc mi w oczy. „Z wielu innych rzeczy, o których mówiliśmy, powiedział mi, że nie miał nic wspólnego ze sprzedażą klaczy", zachowuję spokój, nie próbując prowokować Walczaka nieroztropnym słowem. „Marczewski to zwykły kłamca", zdecydowanie odpowiedział Walczak. „Panie Walczak, był pan bardzo zły w rozmowie z Marczewskim?", pyta Paweł. „Czy powodem tej złości był fakt sprytnego biznesowo zakupu Lili przez Piotra Krochmalskiego, bez pańskiej zgody?", dopytuje detektyw. „Sprytnego zakupu", szyderczo uśmiecha się Walczak. „Klacz Lili była bardzo dobrze zapowiadającą się klaczą, czyż nie tak?", pyta dalej Paweł. „Chciałbym pokazać panom coś interesującego. Zjawiliście się u nas w odpowiednim czasie", z tym samym szyderczym uśmiechem Walczak najpierw patrzy na nas, a później na wdowę. Krochmalska z dużym zainteresowaniem przygląda się wyrazowi twarzy jej kawalkatora. „Ty także powinnaś to zobaczyć", Walczak kieruje te słowa do Krochmalskiej. „Pokażę wam wszystkim, za co tak naprawdę zapłacił Krochmalski pięćdziesiąt tysięcy złotych", szyderczy uśmiech zniknął z twarzy Walczaka, ale pojawiła się na niej nutka żalu, za nas wszystkich zgromadzonych w tym salonie, dotycząca naszej ignorancji. Walczak pierwszy wychodzi z salonu, zanim Krochmalska, Paweł i na końcu ja. Całą czwórką udaliśmy się w pobliże stajni i niewielkiego hipodromu pokrytego rosnącą trawą. Kiedy dotarliśmy na miejsce, Walczak wydał komendę jego pomocnikowi: „Pozwól, aby pobiegała dopóty, dopóki ci nie powiem, aby przestać". Lili była obecna na treningu dokładnie w czasie kiedy dotarliśmy do tego miejsca. Pomocnik był nieco zdziwiony komendą Walczaka, ale posłuchał jego zarządzenia. Puścił Lili na długość sznura, jaki trzymał w dłoni, czyli około pięciu metrów. Lili zachowywała się dziarsko, robiła małe kółeczka, szczęśliwa, że może sobie poskakać. „Czy coś jest nie tak?", był to głos zaniepokojonej pani Krochmalskiej, która zauważyła, że dzieje się coś niedobrego z Lili. Po kilku sekundach Krochmalska dodała: "Ona kuleje", twarz jej była bardzo zdenerwowana, a nawet bym powiedział, przerażona tym nieoczekiwanym obrotem spraw. „Wystarczy na dziś", wydał rozkaz Walczak do jego pomocnika, po czym, zwrócił się bezpośrednio do Krochmalskiej. „To złamana kość stopy, szefowo. Nie tak poważne, aby zabić Lili, ale na tyle poważna, aby uniemożliwić klaczy dalsze udziały w wyścigach". Walczak zwraca się do mnie i mówi: „Lili miała ten problem od wielu tygodni, panie mecenasie, i to był powód, dla którego chciałem porozmawiać z Marczewskim", twarz Walczaka jest surowa i niebudzącą kontrowersji, trener jest zły z powodu zakupu kalekiego konia za tak dużą sumę. Moje oblicze przybiera podobny wygląd jak Walczaka, ale nic nie powiedziałem. Walczak kontynuował: "Piotr Krochmalski kupił konia za pięćdziesiąt tysięcy złotych, konia, który nie będzie w stanie wziąć udziału w żadnych zawodach, żadnym wyścigu, tak długo, jak tylko żyje", Walczak dodał twardym, przekonującym głosem z czołem pokrytym gniewnymi zmarszczkami. Ta informacja o niezdolności Lili do uczestnictwa w wyścigach była ostatnią, jaką otrzymałem przed samą rozprawą. Następnego dnia rozpoczęła się rozprawa. Prokurator wezwał pierwszego świadka, był to komisarz prowadzący sprawę morderstwa Piotra Krochmalskiego. Prokurator zapytał, czyje odciski palców znaleziono na narzędziu zbrodni. Komisarz, siedząc na miejscu dla świadków, trzyma w dłoniach widły, których rzekomo Joanna użyła, aby zamordować Krochmalskiego i powiedział: „Odciski palców znalezione na tych widłach należą do oskarżonej, Joanny Żurawskiej", spokojnym głosem oznajmił komisarz. Twarz jego nie miała szczególnego wyrazu. Był w podobnej sytuacji wielokrotnie, ponieważ jest to doświadczony śledczy będący w zawodzie od ponad trzydziestu lat. Także prokurator Raczek zadawał pytania bez specjalnego wyrazu twarzy. Dla niego to także była rutynowa sprawa i wina oskarżonej była oczywista. Raczek czuł, że będzie w stanie odnieść, tak upragnione od wielu lat zwycięstwo, ale się pomylił, raz jeszcze, łapiąc ptaka na dachu. Joanna była zawiedziona, nie wierzyła, że będę w stanie jej pomóc. Patrzyła w twarz komisarza, a następnie prokuratora obojętnie i nieobecnie, tak jakby to była kogoś innego rozprawa, a nie jej młode życie, które mogło ulec kompletnej ruinie, bez winy własnej. Raczek kontynuował jego serię pytań: „Na podstawie odcisków palców czy może nam pan powiedzieć, panie komisarzu, jak te widły były trzymane w momencie morderstwa?", Raczek nie zmienił jego obojętnego wyrazu twarzy z dodatkiem dużej dozy pewności w jego głosie. „Tak, mogę to stwierdzić. Przynajmniej raz widły były trzyme w ten sposób". Komisarz łapie widły przy samych zębach jedną ręką i kieruje ostrza w kierunku twarzy prokuratora. Były to duże widły mające siedem zębów. Raczek patrzy z lekkim przerażeniem na ostrza wideł. Pewnie chce sobie wyobrazić, jak można zabić innego człowieka tym narzędziem do prac w polu lub stajni. Nie można mieć duszy, już nie wspominając o sercu, aby zabić tym narzędziem. Śmierć musi być okrutna zadana tymi widłami, które powinny przynosić chleb, a nie śmierć i pożogę. Raczek przejmuje widły w swoje ręce i mówi: „Zgodnie z opinią eksperta, który na podstawie zadanych ran stwierdził, że widły nie mogły być rzucone w kierunku ofiary, szczególnie przez kobietę, aby zadać śmiertelne rany. Jako komisarz policji, ekspert w pana zawodzie, czy pan, panie komisarzy zgadza się z tą opinią?". Na sali rozpraw obecna jest Roberta i oczywiście Marczewski. Obydwoje uważnie przysłuchują się pierwszym taktom rozprawy. Ich oblicza nie wyrażają zaniepokojenie, strachu czy poczucia winny w tym szczególnym momencie procesu. Są po prostu wiernymi słuchaczami widowiska na sali sądowej. „Tak panie prokuratorze. Widły nie zostały rzucone, zostały wbite w ciało ofiary z bliskiej odległości", zakończył swoją wypowiedź komisarz. Raczek przez ten cały czas trzyma widły w rękach, jakby chciał się z nimi zaprzyjaźnić po to, aby to widły powiedziały mu, kto jest mordercą. Tyle że widły są nieme, nie mówią ludzkim głosem tak jak zwierzęta pewnej nocy. Raczek wierzył, że mnie pokona, ale muszę stwierdzić obiektywnie, że jest on, tak jak to jest tylko możliwe, obiektywnym prokuratorem, który daje szanse oskarżonym do obrony i sprawiedliwego procesu. Ciężar zmanipulowanego procesu, nawet przy zwycięstwie Raczka, dusiłby ponad miarę jego ludzką godność i niemogący ulec zatruciu profesjonalizm. Niestety jest to rzadko obecnie widziana cecha charakteru u ludzi wielu zawodów. „Pana świadek, mecenasie Jarosz", zakończył tę część przesłuchania prokurator Raczek i wrócił na swoje miejsce za stołem prokuratora. Ja, z kolei, wstałem zza stołu dla obrońców i powoli zbliżyłem się do komisarza. „Panie komisarzu, czy były odciski palców innej osoby na narzędziu mordu oprócz odcisków oskarżonej?", postawiłem pierwsze pytanie. Trzymam w ręku widły w pozycji horyzontalnej bardzo blisko twarzy komisarza, aby upewnić się, że kieruje całą swoją uwagę na treść mego pytania. Marczewski z wyraźnym zainteresowaniem i pewnym niepokojem na twarzy przysłuchuje i przygląda się moim ruchom. „Tak panie mecenasie, znaleźliśmy odciski palców zmarłego", rzeczowo odpowiedział komisarz. „Jeżeli ktoś trzymałby widły w ten właśnie sposób z dłońmi ma drewnianej rękojeści czy byłby pan w stanie odczytać odciski palców tej osoby?", trzymam widły pod małym kontem, ale ciągle horyzontalnie, gdzie moja lewa ręka znajduje się na rękojeści blisko zębów wideł, a prawa dłoń spoczywa na dolnej części trzonka.

„Panie mecenasie, biorąc pod uwagę śliskość trzonka i kształt rękojeści to muszę stwierdzić, że nie jest to idealna sytuacja do zachowania odcisków palców", dalej rzeczowo i bezuczuciowo odpowiada komisarz. Naciskam dalej, aby wyłuskać słowo, albo krótkie zdanie, które pozwoli mi zahaczyć się na serię dalszych pytań. Pada z mojej strony kolejne pytanie: "Nie odpowiedział pan na moje pytanie". Komisarz raz jeszcze odpowiada, tym razem, dokładnie na moje pytanie: ", Jeżeli ktoś, trzymałby widły za drewniany trzonek, to nie byłoby możliwe znalezienie odcisków palców", twarz komisarza nabiera wyraz zakłopotania i być może nawet żenady z powodu nieudzielenia prawidłowej odpowiedzi na moje proste pytanie. Sala rozpraw zamarła w ciszy oczekiwania i dalszych rewelacji, jakie powinny nastąpić po moich przesłuchaniach kolejnych świadków. „Dziękuję komisarzu, to by było na tyle", zakończyłem przesłuchanie komisarza. „Może pan wrócić na swoje miejsce komisarzu", powiedział sędzia. Następnym świadkiem jest pomocnik Walczaka, Marek Rybczyński. Raczek rozpoczął przesłuchanie świadka, pytając Rybczyńskiego o jego obserwacje dotyczące tragicznego wydarzenia. „Co pan widział z wydarzenia na werandzie?". „Pierwsze co zauważyłem, to była przyczepa ze stajni pani Żurawskiej. Pomyślałem, że będzie lepiej jak zbliżę się do werandy, to będę w stanie wywnioskować, co tak naprawdę się dzieje", spokojnym głosem relacjonował Rybczyński. Raczek nie stał w miejscu, a raczej krążył wokół świadka, jak upierdliwa mucha przy kolacyjnym stole. Rybczyński kontynuował: „Wtedy zauważyłem oskarżoną z widłami w ręku stojącą nad ciałem pana Krochmalskiego". Joanna, słysząc te słowa, schowała głowę w ramiona, próbując wyrzucić z jej świadomości fakt obecności nad zwłokami Piotra z widłami w jej rękach. Raczek pyta dalej: „Po tym, jak pan zauważył przyczepę ze stajni Żurawskich, dlaczego przyszło panu do głowy, aby dowiedzieć się, co naprawdę się dzieje, skąd ta ciekawość?". Raczek stoi, w tym momencie, odwrócony plecami do świadka, odkręca tylko głowę i nastawia uszy jak kot czekający na mleko, na nagrodę za swoją przebiegłość. Rybczyński ubrany w wizytowy garnitur pod krawatem odpowiada: „Byłem ciekawy, ponieważ pani Żurawska i pan Piotr Krochmalski mieli wielką kłótnię o klacz Lili, zaledwie kilka godzin wcześniej, tego popołudnia", dodał Rybczyński, a jego spokój uległ drobnemu zakłóceniu, kiedy udzielił tej odpowiedzi. Raczek korzysta z okazji i udaje zdziwionego: „Och tak, czy miał pan szansę podsłuchać tę wymianę pomiędzy oskarżoną a zmarłym?", Raczek jest w jego żywiole. Te drobne pytanka, to jest jego całe życie. Raczek, jak wspominałem, jest dobrym prokuratorem, ale ma swoje ciemne strony i trupy w szafie. Raczek jest produktem niedorobionym. Bóg w chwili kiedy tworzył Raczka, musiał nagle przerwać ten proces, a Raczek na tym cierpi. Prokurator o tym wie, o tym, że jest odrzutem z katalogu Boga, ale próbuje to zniwelować, i w większości przypadków to mu się udaje. „To, co usłyszałem, to była wypowiedź pani Żurawskiej, która powiedziała, że klacz należy do niej, tylko do niej, i pan Krochmalski nie zatrzyma jej przed odzyskaniem klaczy. O mój Boże jakżeż ona płakała opuszczając stajnię Krochmalskiego", to było wszystko, co Rybczyński powiedział Raczkowi. Twarz Joanny ogarnął głęboki smutek, ponieważ przypomniała sobie to tragiczne dla niej wydarzenie, kradzież jej ukochanej Lili, treści jej młodego życia. Joanna cierpiała, w tej chwili, fizyczny ból widoczny na jej obliczu i w zapadniętych ze strachu oczach. Zauważyłem, zmartwią Joannę i jeszcze bardziej chcę ją ratować przed niesprawiedliwym wyrokiem. To nie ona zabiła Krochmalskiego. Morderca jest jeszcze nieznany. „Panie mecenasie, pana kolej", zaprosił Raczek. „Nie mam pytań w tym czasie, panie prokuratorze", odpowiedziałem zdziwionemu Raczkowi, który mnie zna jak piłę do zadawania niewygodnych pytań. „Może pan wrócić na swoje miejsce", powiedział sędzia. Rybczyński, bez specjalnego pośpiechu, wraca na miejsce na sali rozpraw. Popatrzył na Joannę i maleńki uśmieszek pojawił się na jego ustach, uśmiech żaby na bagnisku. Roberta Marciniak, współlokatorka Joanny, od pewnego czasu, zeznawała następna. Pierwszy pyta Raczek: „Pani Marciniak, proszę powiedzieć, po tym, jak oskarżona dowiedziała się, że jej ukochany koń, klacz Lili, została sprzedana, czy oskarżona Żurawska wspomniała o wizycie u Piotra Krochmalskiego i wyjaśnieniu do końca sprawy zakupu klaczy?", spokojnie stawia pytanie prokurator. Roberta wypełnia cisza te kilka sekund w sali sądowej, które dla Joanny wydają się wiecznością, po czym łagodnie odpowiada: „Tak", krótko stwierdza melancholijnym głosem, jakby nieco zaspanym, wręcz leniwym, tak jakby była po zażyciu środków nasennych. Raczek nie próbuje odgadnąć intencji Roberty zawartych w jej tajemniczym tonie, tylko idzie naprzód: "Co takiego pani usłyszała od oskarżonej?" Roberta kontynuuje jej zachowanie w stylu siostry zakonnej i odpowiada: „Coś w stylu, on nie odda mi mojej klaczy, coś takiego". Raczek dopytuje, ponieważ nie takiej oczekiwał odpowiedzi: „Pani Marciniak, nie jestem zainteresowany odpowiedzią' coś w stylu'. Chcę wiedzieć, co dokładnie powiedziała oskarżona", Raczek podniósł głos, próbując przestraszyć świadka i wymusić na Marciniak bardziej precyzyjną wypowiedź. Roberta, jednakże nie reaguje na wzmocniony głos prokuratora i spokojnie, nawet dystyngowanie mówi: "Joanna powiedziała,' sądziłam, że nienawidzę Krochmalskiego za to, że ożenił się z Domańską, ale nie zdawałam sobie sprawy, jak ogromnie go nienawidzę teraz, właśnie teraz, po kradzieży Lili'", zakończyła wypowiedź Marciniak obojętnym głosem mniszki, za jaką próbowała się przedstawić widowni w tym teatrze spraw prawdziwych, czyli sali sądowej, gdzie ludzkie życie może być skrócone o kilka lat lub nawet o całość. Dwaj panowie uważnie wsłuchują się w każde słowo Marciniak, jest to Kosztorys, wujek Joanny i Walczak, trener koni w stajni u Krochmalskiej. Twarze ich są skupione i sprzęgnięte, ale nie pokazują po sobie zmartwienia, czy lęku, jaki by, prawdopodobnie, ogarnął winnego zbrodni na drugim człowieku. Nie miałem pytań do Marciniaka, dlatego też Raczek wezwał kolejnego światka, a była nim Krochmalska, młoda wdowa po jeszcze młodszym mężu, zamordowanym przez Joannę Żurawską, jak sądziła wdowa, za akt agresji wobec niej, czyli zakup ukochanej Lili. Raczek zaczyna jego serię pytań: „Jako akt miłosierdzia, chciała pani zwrócić klacz oskarżonej i dlatego też zaprosiła ją pani do stajni w momencie, kiedy pani mąż i trener Walczak nie będą obecni. Czy było to dokładnie, tak jak opisałem?", ton Raczka jest ponownie kojący i łagodny, nawet uspokajający jak głos psychiatry do jego pacjenta w sanatorium dla szaleńców. Krochmalska krótko stwierdza: "Tak, tak było". Ta zamożna, młoda wdowa w średnim wieku potrafi przyjąć postawę podobną do Roberty, wyciszoną i uległą, choć jest to nie zgodne z jej psychiką i temperamentem. Krochmalska wygląda elegancko w modnym płaszczu z kołnierzem ze zwierzęcia, czarnej bluzce i połyskliwych, białych perłach za wiele tysięcy złotych, migocących w tej ciemnej sali rozpraw optymizmem, wolnym od stresów i zahamowań. Raczek nie miał wielu pytań do wdowy Krochmalskiej tak więc podziękował jej za zeznania i zwrócił się do mnie: "Panie mecenasie, pan kolej, zapraszam", lilipuci uśmieszek pojawił się na nieznacznych ustach prokuratora Raczka. Wstałem zza stołu i zbliżyłem się do Krochmalskiej. Stawiam pytanie: "Czy Joanna potwierdziła, że postąpi zgodnie z pani wskazówkami?" „Kiedy zadzwoniłam ponownie, telefon odebrała Roberta i powiedziała mi, że Joanna jest niezwykle podekscytowana i szczęśliwa odzyskując klacz". „Czy wezwała pani Joannę właśnie tej nocy, ponieważ pani mąż planował odesłać wiele koni do Spotu następnego dnia o wczesnej porze i Lili mogła znaleźć się wśród nich?", dostosowuję mój ton do zwolnionego filmu, jaki ogląda

Krochmalska i cała widownia sali rozpraw. „Tak, to był powód mojego telefonu do Joanny", nieco zachmurzona odpowiada wdowa. „Kiedy pani trener, Marian Walczak, wrócił do Konstancina?", pytam. „Tego właśnie ranka, około dziesiątej". Walczak słysząc tę wypowiedź, niespokojnie przeciera dwoma palcami wargi jego ust, jakby brakowało im wody do przetrwania kilku następnych sekund, jakby były zagubione w tej ciszy drewnianych ścian sali rozpraw. „Pani Krochmalska, czy jest możliwe, żeby pani zmarły mąż wiedział, że klacz Lili to jest wadliwy koń i chciał ją usunąć ze stajni, zanim trener Walczak wróci do Konstancina i odkryje ten krytyczny dla życia konia, no i jego właściciela, defekt?" Jest to pytanie, które zaskoczyło Raczka. Prokurator patrzy na mnie z dużym zaciekawieniem, czując, że wygrana wymyka się mu spod jego śliskich palców. Raczek ma ciężki los z moją linią obrony, wie, że sytuacja uległa zmianie, że to ja wychodzę na ostatnią prosta z przewagą jednej końskiej głowy, co wystarczy, aby przeciąć linię mety na

pierwszym miejscu. Raczek gwałtownie wstaje z miejsca i zgłasza sprzeciw: "Zgłaszam sprzeciw, wysoki sądzie", wzmocnionym głosem mówi Raczek. Nie czekam na reakcję sędziego i deklaruję: „Wycofuję pytanie". Robię niewielkie kółeczko przed twarzą Krochmalskiej, aby nabrać powietrza przed następnym pytaniem. „Zeznała pani, że udała się do Zajazdu około ósmej trzydzieści, aby spotkać się z mężem. Czekała pani do dziewiątej, ale on się nie zjawił, dlatego wybrała się pani do kilku innych miejsc, gdzie pani mąż mógł przebywać, ale pani go nie znalazła. Zeznała pani dalej, że wróciła do domu około godziny dziesiątej, kilka minut po godzinie dziesiątej. Jak długo trwa wyprawa z pani posiadłości do zajazdu, do którego pani się udała?", pytam Krochmalską. Wdowa szeroko otwiera oczy i stawia usta w słupek i próbuje wyliczyć czas, jaki jest potrzebny na dojazd z jej domu do zajazdu. „Zwykle nie dłużej niż dwadzieścia minut", wreszcie odpowiedziała Krochmalska.
„Dlaczego więc wyjechała pani z

domu o godzinie siódmej rano, skoro pani spotkanie z mężem miało nastąpić o godzinie ósmej trzydzieści?, wzmocniłem głosem, zadając to pytanie, aby się upewnić, że Krochmalska rozumie wagę tego pytania. Dokładnie przyglądam się jej oczom, które podobno są wrotami do duszy człowieka. „Zatrzymałam się na jednego drinka", odpowiedziała zaniepokojona wdowa, a także jej trener Walczak wykazał małe zdenerwowanie na jego obliczu. „W miejscu znanym jako 'Tamburyn'?", szybko dodałem, aby nie dać kobiecie wielu czasu na znalezienie wygodnego kłamstewka. „Czy miała pani się tam z kimś spotkać?", dodałem jeszcze szybciej. „Spotkałam się tam z Marianem Walczakiem", wolno odpowiedziała Krochmalska uważnie przyglądając się wyrazowi mojej twarzy. Patrzyła raczej na twarz, a nie w moje oczy, być może nie chciała zauważyć w nich niebezpieczeństwa, jakie mogło ją niebawem czekać. „Dlaczego pani Krochmalska, dlaczego chciała się pani spotkać z Walczakiem?", podniosłem głos do poziomu cichego krzyku. Raczek nie wytrzymuje, wstaje gwałtownie z miejsca i stwierdza: "Wysoki sądzie, zgłaszam sprzeciw. To nie jest odpowiednia linia pytań na sali sądowej", oburzony prokurator wzywa sędziego o udzielenie mu pomocy. Natychmiast wyjaśniam sędziemu powód do zadawania moich pytań: „Wysoki sądzie, Marian Walczak jest trenerem w posiadłości pani Krochmalskiej. Sam prokurator Raczek chce wiedzieć dokładnie co się działo w stajniach Krochmalskiej w czasie popełnienia zbrodni, chcę poznać wszystkie informacje dotyczące personelu stajni", dodałem rzeczowo, oczekując uznania mojego wyjaśnienia przez sędziego. Raczek ponownie podskoczył na jednej noce i wyrzucił z siebie: "Tylko wtedy, jeżeli ma to związek ze sprawą", w tego typu sytuacjach, zaskoczenia Raczek robi wybitnie małoprzystojny wyraz twarzy, zgniłej cytryny lub parszywego jabłka. Sędzia odwraca wzrok od twarzy Raczka i zwraca się do mnie z pytaniem: "Czy może pan wykazać związek przyczynowy

pomiędzy pana pytaniami a procedowaną sprawą, wtedy będę w stanie odrzucić sprzeciw?", spokojnie zapytał prawie siedemdziesięcioletni sędzia z umiarkowanym zainteresowaniem zza zamglonych wiekiem oczu. „Tak panie sędzio, będę kontynuował moje pytania, jeżeli mogę", bardziej spokojnym głosem przechodzę do dalszych niejasności w zachowaniu Krochmalskiej w dniu morderstwa jej nowego męża.
„Ponieważ wrócił z jego wyprawy, wcześniej niż planował, dlatego chciałam wiedzieć, jak udała się jego podróż", spokojniej odpowiedziała Krochmalska. Walczak przygląda się jego pracodawczyni, Krochmalskiej z wielką uwagą, wznosi się nawet nieco na łokciu jednej ręki, używając oparcia krzesła jak windy. Słuch ma wyostrzony jak lis blisko kurnika, gotowy do ataku na niewinne zwierze.
„Czy nie mogła pani zaczekać na niego w domu, kiedy tego ranka, wrócił do Konstancina?, byłem ciekaw, co na to pytanie odpowie wdowa, jak będzie chciała się wyślizgnąć z kłopotliwej sytuacji, gdzie

nawet kobra widziałaby jej los w ruinach. „Pan Walczak wrócił szybko do Warszawy, zanim miałam szansę z nim porozmawiać", nie była to zła odpowiedzieć i nawet brzmiała wiarygodnie, ale ja szukam prawdy, a nie trafnych odpowiedzi. Chodzi o życie młodej kobiety, która ma tak wiele do zaoferowania całemu światu i moja rola polega na udzieleniu jej pomocy, na stworzenie możliwości spełnienia jej marzeń, albo po prostu, założenia rodziny i szczęśliwego życia, przynajmniej do końca tego stulecia. „Pani Krochmalska, czy to jest prawda, że Marian Walczak zameldował się w hotelu po południu i nie miał zamiaru wrócić do Konstancina, do pani posiadłości?", przykleiłem wzrok do oczu wdowy i czekam cierpliwie na odpowiedź, ale decyduję, aby kontynuować pytanie: „Walczak zameldował się w hotelu około szesnastej, pytam raz jeszcze, dlaczego chciała pani się z nim spotkać rano, przed spotkaniem z mężem?". Krochmalska uspokaja wyraz twarzy i mówi: " Marian Walczak zadzwonił do mnie i powiedział, że Piotr zwolnił go z pracy, chciałam się z nim spotkać i wyjaśnić to zamieszanie". „I czy Walczak ciągle był zwolniony, kiedy udała się pani na spotkanie z mężem?", dociekam do końca. „Nie, zatrudniłam go ponownie", podniesionym głosem odpowiedziała Krochmalska w dalszym ciągu kontrolując jej emocje. „Kiedy pani powiedziała Joannie Żurawskiej, że może odebrać jej klacz czy zażądała pani od niej zwrotu pięćdziesięciu tysięcy, czy też ze względu na sympatię, jaką pani darzyła Joannę, nie chciała pani zwrotu pieniędzy?", pytam mocno i celowo, czuję zdechłego kota w ogródku Krochmalskiej. Wiem, że kłamie, dlatego muszę być upierdliwy, aby wymusić na niej prawdziwe opowieści z tego tragicznego dnia. Krochmalska zmienia ton i przyjmuje pozycję ofiary ułomnego męża: "Panie mecenasie, mój mąż nie był biznesmenem, musiałam się dowiedzieć wszystkim szczegółów, aby odzyskać pieniądze, zanim nie było zbyt późno. Stało się dla mnie oczywiste, że muszę przejąć kontrolę nad moją posiadłością i w tym celu potrzebny jest mi Marian Walczak", zdecydowany ton Krochmalskiej wypełnił niewielką salę sądową. Panowała cisza, tylko wzrok Walczaka przebił przestrzeń i osiadł na twarzy Krochmalskiej. Była to odpowiedź, która także i mnie satysfakcjonowała. Skończyłem przesłuchanie Krochmalskiej, a sędzia zaprosił ją na miejsce dla świadków. Przyszedł czas na prokuratora i jego kolejnego świadka. Był nim Marian Walczak. Trener zajął miejsce dla świadków i oczekuje pytania od Raczka, jest spokojny i opanowany, będzie odpowiadał z zimną krwią, bez emocji i rzeczowo. Zaczyna Raczek: "Panie Walczak, kiedy był pan w stanie dojść do konkluzji, że klacz Lili, klacz należąca do pani Żurawskiej, oskarżonej, nie będzie zdolna do dalszych wyścigów, do konkurowania na torze wyścigowym?". „Stosunkowo wcześnie, kiedy tylko obserwowałem klacz na treningu". „Czyli klacz, pana zdaniem, nie była zdolna do ścigania się, czy tak to jest?", pyta Raczek. „Tak, dokładnie tak". „Niech mi pan powie, w szczegółach, jak pan odkrył ułomność klaczy?", Raczek pogłębia jego wiedzę w sprawie kontuzji Lili i jej niezdolności do dalszego biegania na torach Polski i być może Europy. „Po pierwsze, nie zgadzałem się z warunkami sprzedaży. Następnie, kiedy bliżej przyjrzałem się Lili, to zauważyłem, że klacz preferuje jedną nogę". „I co pan zrobił w tym przypadku?". „Kiedy zauważyłem, że wykorzystuje bardziej lewą nogę, wrzuciłem ją na karuzelę i stwierdziłem, że kuleje". „Czyli, zgodnie z tym, co pan zeznał, przyczepienie klaczy do karuzeli, był to jedyny sposób, aby wykazać jej kalectwo?", pyta dalej Raczek, drążąc jego punkt widzenia śmiertelnego zajścia w stajni Krochmalskiej. „Dokładnie tak, z wyjątkiem rentgena, oczywiście". Walczak nie zmienił postawy, odpowiada dokładnie na pytania prokuratora, bez chwili zawahania się. Trener Joanny, Marczewski, niespokojnie kręci się w miejscu, jakby oczekiwał, że w każdej chwili może paść zdanie lub tylko pojedyncze słowo, które postawi go w bardzo nieprzychylnym świetle. Pomocnik Walczaka, siedzący za

Marczewskim, spokojnie obserwuje wydarzenia, ale jakby nie wiele kojarzył z tego, co dzieje się na sali. Twarz ma wyciszoną, ale głupowatą, zabiedzoną brakiem przeczytanej literatury, lub brakiem kilku nieodrobionych lekcji w szkole podstawowej. „Tak więc panie Walczak, bez karuzeli i bez rentgena, nie było sposobu, aby wiedzieć o kontuzji klaczy?", kończy Raczek cichym tonem, bez nacisku na świadka, ale z oczekiwaniem potwierdzającej odpowiedzi, czy też tylko skinienia głowy. Twarz Walczaka marszczy się, usta wyciągają się do przodu, patrzy smutnym wzrokiem na prokuratora. „Marczewski wiedział, że koń jest kulawy", szybko odpowiedział Walczak. Reakcja Raczka jest także natychmiastowa: "Panie Walczak, proszę się ograniczyć do odpowiedzi na zadawane pytania. Proszę powiedzieć sądowi, czy ekspert mógł zaobserwować kontuzje klaczy tylko na podstawie obserwacji?"To pytanie nawet mnie wprowadziło w pewien stan uwielbienia dla Raczka. Także jemu zdarzają się trafne pytania prowadzące do rozwikłania sprawy. „Nie panie prokuratorze, prawdopodobnie nie", raz jeszcze rzeczowo odpowiada Walczak. „Dziękuję panie trenerze. A teraz, aby uspokoić pana mecenasa, proszę nam powiedzieć co pan robił po spotkaniu z panią Krochmalską?" Pytanie to bardzo zaniepokoiło Krochmalską. Twarz jej się wyciągnęła, usta pokazały rządek zębów i dało się zauważyć jak prąd o niewielkim napięciu, przebił jej serce. „Nic szczególnego, zjadłem kolację, zameldowałem się w moim hotelu i znalazłem się w łóżku", ton Walczaka nie uległ zmianie. Trener jest pod kontrolą i nic nie może go zbić z pantałyku. „Czy spędził pan całą noc w hotelu?". „Tak, byłem w hotelu przez całą noc". Walczak nie zauważył grozy na obliczu Krochmalskiej po tym, jak Raczek zapytał jej trenera o czas po spotkaniu z jego pracodawczynią. Krochmalska coś ukrywa, ale nie wiem, czy to jest jej akt oskarżenia i przyznanie się do winy, czy być może chodzi o coś zupełnie drobiazgowego, bez znaczenia dla sprawy, a tylko o znaczeniu dla niej samej.

„Dziękuję, panie trenerze. Panie mecenasie, pana kolej". Stawiam pytanie Walczakowi i w tym samym momencie wstaję z krzesła. Joanna bacznie obserwuje moją mimikę i grę ciała. Chciałaby wiedzieć, jak jej życie potoczy się dalej, czy pozostanie wolną kobietą, czy też spędzi długie lata za kratkami obskurnego więzienia z upadłym dnem społeczeństwa u jej boku wpychającym się w jej codzienne obowiązki bez hamulców, brutalnie i śmierdząco. „Załóżmy przez chwilę, że nie wie pan o problemie klaczy i chciałby pan ją zakupić po dobrej cenie, a nawet wygórowanej cenie, jaka to by była cena, panie Walczak?", pytam stanowczo, ale bez nacisku. „To była obiecująca klacz, ale nie sądzę, abym zapłacił za nią więcej niż dziesięć tysięcy", dodał rzeczowo trener. „W pana wcześniejszym zeznaniu użył pan sformułowania 'kiedy w końcu miałem szansę, 'aby się jej przyjrzeć', co pan dokładnie miał na myśli?". „Zacząłem przyglądać się Lili rano, zaraz po moim powrocie, ale Krochmalski powstrzymał mnie.

Powiedział, że jest do załatwienia wiele rzeczy na mieście i nie ma czasu do stracenia. Jak pan wie mecenasie, Krochmalski przyjechał do Warszawy i mnie zwolnił". „I po zwolnieniu z pracy, czy pan udał się bezpośrednio do hotelu?", drążę dalej, testując moją teorię. „Dokładnie właśnie tak. Krochmalski powiedział bardzo przekonywająco, abym zjawił się w jego posiadłości następnego dnia i zabrał moje rzeczy". „Czyli, jeżeli klacz Lili wysłana by została do Sopotu o szóstej rano następnego dnia, jak planował Piotr Krochmalski, to nie miałby pan szansy, aby skrupulatnie przyjrzeć się klaczy?", pytam dalej Walczaka. „Tak, nie miałbym takiej możliwości", Walczak potwierdza słowa skinieniem głowy. Odpowiedział Walczak, a zająłem miejsce za stołem dla obrony. Podekscytowany prokurator Raczek zwraca się do sędziego: "Panie sędzio, chciałbym zadać uzupełniające pytania". Raczek siedzi za prokuratorskim biurkiem i czeka na odpowiedź sędziego. Unosi się o kilka centymetrów, aby odsłuchać ripostę sędziego. „Ma pan głos, panie prokuratorze", zadowalającej dla Raczka odpowiedzi udziela sędzia. Raczek wstaje zza biurka i podchodzi do Walczaka. Trzyma ręce w kieszeniach być może, aby nie wykazać zdenerwowania w mojej obecności i innych uczestników tej rozprawy. „Panie Walczak, z jakiegoś powodu, mecenas Jarosz, chciałby nam udowodnić, że to zmarły nie pozwolił panu na oględziny klaczy. Kiedy pan Krochmalski powiedział panu, że jest wiele rzeczy do zrobienia w mieście, czy rzeczywiście miał coś ważnego na myśli?", Raczek czuje ślinkę wygranej na jego wąskich ustach, wie, że zadał ważne pytanie, które może obalić moją linię obrony. „Tak, miał coś ważnego na myśli". Po głowie Walczaka krążą zagubione myśli, ponieważ nie jest pewien, o co chodzi Raczkowi. Przyglądam się Raczkowi z zainteresowaniem, przyznaje, że ten prokuratorski szczur postawi celne pytanie świadkowi o nazwisku Walczak. Raczek kontynuuje: "I kiedy pana zwolnił z pracy, czy przedstawił panu powód natychmiastowej pana dymisji?". „Powiedział, że już nie będę potrzebny w jego stajni, że to on sam przejmuje obowiązki trenera w jego posiadłości", sylwetka Walczaka zamieniła się w łuk, podbródek poszedł do przodu, pojawił się smutek w oczach i rezygnacja w jego głosie. Czuł się pobity i upokorzony przez tego bęcwała, czyli Piotra Krochmalskiego, który nie miał zielonego pojęcia o trenowaniu koni i na dodatek, skradł mu jego ukochaną kobietę. „Czy wcześniej, chociaż jeden raz, Krochmalski powiedział panu, aby nie zbliżać się do klaczy?", pyta dalej Raczek. Walczak odpowiada krótko: „Nie, nigdy". „Dziękuję, panie trenerze", kończy jego serię pytań Raczek. Poprosiłem sędziego o krótką przerwę, aby odświeżyć się w męskiej toalecie i zebrać myśli do następnej rundy. Raczek nie miał sprzeciwu i sędzia zarządził przerwę. Powróciliśmy do sądu półtorej godziny później w dobrych humorach, gotowi do walki o życie Joanny Żurawskiej. Joanna przywitała nas bladym uśmiechem, ale z dużą Iskierką nadziei w jej

dużych, błękitnych oczach, niewinnych, jak i całe jej jestestwo. Zaczął ponownie Raczek, a na świadka wezwał Marczewskiego, trenera w stajni Joanny. Zachowywał się raczej niepewnie, nawet podejrzanie, poruszał głową z lewa na prawo i odwrotnie, w dół i w górę, jakby szukał miejsca na ziemi dla jego zakłopotanej głowy, miejsca tylko dla niego samego, bez obcych interwencji i braku obecności innej ludzkiej duszy. Czuł w tym czasie ogromną niestrawność na widok innego człowieka, wszystko, co chciał to obecność Świętego Ducha w roli posłańca pomiędzy jego duszą a Bogiem.
„Panie trenerze, wiemy, że oskarżona była w szoku, kiedy dowiedziała się, że jej ukochana klacz została sprzedana, albo jak pani Żurawska to określa, skradziona spod jej serca przez tego plugawego sprzedawczyka Piotra Krochmalskiego. Wiedział pan, panie Marczewski, że klacz doznała kontuzji podczas nieszczęsnego ognia w stajni Żurawskich, prawda. Jest mi trudno zrozumieć, że utrzymywał pan tę informację w sekrecie, nikogo pan

o tym fakcie nie poinformował?", zakończył swoje, nieco przydługie pytanie prokurator. Marczewski był człowiekiem marnej postury, o niewielkim ciele, ale po tym pytaniu skurczył się jeszcze bardziej do rozmiaru małej, zielonej jaszczurki o podejrzanych zamiarach. Joanna przyglądała się twarzy Marczewskiego z napięciem, oczekując na jego odpowiedź, która być może ruszy sprawę do przodu i udowodni jej niewinność. Zamknęła na sekundę oczy i lekko rozchyliła wargi, jakby brakowało jej tlenu oddechu nadziei. Raczek też czeka w napięciu, przestał krążyć w roli sępa przed obliczem trenera, zatrzymał się w miejscu i uważnie patrzy w oczy świadka. „Pani Żurawska straciła ojca w tym pożarze, dlatego doszedłem do wniosku, że jedno nieszczęście wystarczy na ten dzień", zakończył Marczewski wysysanie odpowiedzi z jego małego móżdżku. Wzrok prokuratora wyostrza się jeszcze bardziej, kiedy pyta dalej:"Ale panie trenerze, utrzymywał pan tajemnicę nawet, wtedy kiedy klacz była wystawiona na sprzedaż dlaczego? Chyba nie po to, aby zaoszczędzić kłopotów panu Krochmalskiemu. Raczek dopytywał natarczywie i z przekąsem. Odpowiedź Marczewskiego była krótka i dobitna:" Nie miałem czasu, aby mu to powiedzieć, nawet jeżeli chciałbym to zrobić, nie wiedziałem, że jest zainteresowany kupnem klaczy". Wujek Joanny, Kosztorys, słucha bardzo uważnie wypowiedzi Marczewskiego. Pani Krochmalska, wdowa po zamordowanym mężu Piotrze, również nie spuszcza wzroku z ust Marczewskiego. Wydaje się, jakby obydwoje mieli coś do ukrycia, przed sądem i światem. Nie widzieli swoich twarzy, ponieważ Krochmalska siedzi za plecami Kosztorysa, a wujek nie odwraca głowy, aby sprawdzić, co się dzieje za jego plecami. „Utrzymywał pan fakt kalectwa klaczy w tajemnicy, nawet do momentu, kiedy otrzymał pan rozkaz od pana Kosztorysa, aby przekazać klacz do stajni Krochmalskiego?, dalej pyta Raczek. „Tak, pan Krochmalski był w złym humorze i nie był zainteresowany prowadzeniem ze mną rozmowy".

Wydaje się, że szczerze odpowiedział Marczewski. Raczek kontynuuje: „Czyli, zgodnie z pana odpowiedzią, pan Krochmalski ani też pani Żurawska nie wiedzieli o tym, że Lili jest kalekim koniem, czy tak było panie trenerze?. Roberta nie traci nawet jednego słowa z wypowiedzi Marczewskiego, ale jej twarz jest spokojna, nie wyraża trosk współczesnego świata, tylko raczej myśli o zbliżającym się obiedzie z jej nowym chłopakiem. „Po tym, jak poinformował pan panią Żurawską o fakcie sprzedania klaczy, co oskarżona zrobiła?". „Udała się do małego biura obok stajni i zadzwoniła do jej wujka". „I po tym telefonie, czy oskarżona wymieniła nazwiska pana Krochmalskiego, kiedy wróciła?". „Wie pan, panie prokuratorze, pani Żurawska była wściekła i nie miała nic złego na myśli", konspiracyjnie i ugodowo odpowiedział Marczewski, posuwając głowę o kilka centymetrów do przodu. „Panie trenerze, chcę wiedzieć, co dokładnie powiedziała oskarżona, niech pan pamięta, że zeznaje pan pod przysięgą. Jakie dokładnie słowa wypowiedziała oskarżona?", Raczek podniósł głos, zbliżył twarz do oblicza trenera i czeka na odpowiedź. „Piotr Krochmalski nie będzie właścicielem Lili. Odzyskam ją, nawet jeżeli muszę...", Marczewski zawiesił głos, a Joanna skrzywiła twarz w dziwacznym skurczu bólu, a nie winy za popełniony lub niepopełniony czyn. Krochmalska przygląda się Joannie z wyrokiem winy na jej twarzy, ona już dawno uznała Joannę winną śmierci jej młodego, nowego męża. Marczewski kończy zdanie:"Nawet jeżeli muszę go zabić". „Dziękuje panie trenerze. To była pełna odpowiedź na moje pytanie", zakończył Raczek. Sędzia zarządził przerwę do godziny dziesiątej w poniedziałek, jako że dzisiaj jest piątek. . Jak zwykle w takich przypadkach wracamy, ja i Wanda, do kancelarii i zastanawiamy się nad minionym dniem. Wanda była obecna przez cały czas rozprawy. Siedziała przy moim stole dla obrońców i robiła notatki z tego, co wydawało jej się niekompletne, albo niezrozumiałe, nielogiczne. Tak było i tym razem. Wróciliśmy do kancelarii po krótkim przystanku w małej, przytulnej restauracji na Chmielnej, niedaleko od mojego biura. Wanda pierwsza stawia pytanie: "Bob, nie rozumiem, skoro Piotr Krochmalski wiedział o ułomności klaczy, to dlaczego zapłacił pięćdziesiąt tysięcy, za niezdolnego do wyścigów konia wiedząc, że tajemnica o kalectwie Lili ujrzy światło dzienne wcześniej lub później?", rzeczowo pyta Wanda, przyglądając się obrazowi mojej zamyślonej twarzy. Kiedy nad czymś się zastanawiam, mam zwyczaj wkładania palca wskazującego pomiędzy wargi w pozycji horyzontalnej. Wiem o tym, ale nie mogę się tego, nie zbyt eleganckiego odruchu, wyuczyć, siedzi zbyt głęboko w mojej podświadomości zakorzeniony w oparach innego świata, którego rzeczywistości nie może rozpoznać czy też sobie uprzytomnić. Wanda nie przerywała jej wywodu. „No dobrze, zwolnił Walczaka, ale ktoś inny mógł wykryć ułomność klaczy". Odpowiadam Wandzie zgodnie z moją wiedzą i intuicją: „Zakładasz cztery pewniki, ale tylko trzy są prawdziwe". „Chyba nie chcesz mi powiedzieć, że Krochmalski nie wiedział o kalectwie klaczy?", Wanda dodaje, być może nieco za wcześnie, zanim wyliczyłem błędy w jej myśleniu. „Nie Wanda, Krochmalski doskonale wiedział o kalectwie klaczy. Był to powód, dla którego chciał wywieść konia poza Warszawę, i to jak najszybciej. Sądzę, że planował zaaranżować przypadkowy wypadek z klaczą, aby jej kalectwo było w pełni zrozumiałe i przyjęte do wiadomości przez wszystkich zainteresowanych, lub nawet zabić klacz". „Oczywiście, jeżeli Krochmalski by zniszczył klacz, to nikt by nie wiedział o jej ułomności", dodała Wanda ze zrozumieniem. Pukanie do bocznych, prywatnych drzwi i do kancelarii wchodzi Paweł jego tanecznym krokiem, chociaż chłopisko liczy sobie prawie metr dziewięćdziesiąt. Zawiesił na ramionach marynarkę w angielską pepitkę, to jego ulubiony styl podczas prowadzenia śledztwa. „Jak się masz Paweł, czy coś znalazłeś dla mnie?", pytam mojego współpracownika. „Tak Bob, mam coś, a chciałbym tego nie wiedzieć", Paweł wzbudził zainteresowanie moje i Wandy, sięgając na moim biurku, czego nie lubię, ale nie robię fasów z tego drobnego błędu. Paweł dodaje do jego interesującej preambuły: "Bob, dla dobra tej dziewczyny, chciałbym się mylić w tym przypadku". Wanda nie wytrzymuje: "Paweł, powiedz wreszcie, co wiesz, na miłość boską, nie drażnij mnie". I ja jestem także niecierpliwy, ale tylko patrzę na detektywa z pośpiechem wyrażonym w moich oczach. Paweł lubi takie momenty, kiedy cały świat wisi na jego słowach. Lubi zainteresowanie jego narcystyczną osobą, rozpala mały uśmiech na ustach i kończy już poważnie: "Oto papiery, dokumenty przedstawiające prawdziwą sytuację finansową wujka Joanny, pana Kosztorys", Paweł rzuca na biurko kilka stron zapisanych drobnym drukiem z wieloma cyframi i innymi finansowymi znakami niezrozumiałymi dla niewtajemniczonych. „Pan Kosztorys, nie może być", niemalże zapłakana pyta Wanda. „Niestety tak, właśnie wujek Kosztorys ma kłopoty finansowe", smutno

zapewnia Paweł, patrząc w ładniutkie oblicze Wandy. „Jej jedyny krewny, jej prawny opiekun, jest zaangażowany w jakiś rodzaj spłaty długu". W czasie tej krótkiej wymiany byłem w stanie rzucić szybkie oko na papiery dostarczone przez Pawła i konkluzja była oczywista. Wysyłam Pawła do dalszej roboty, na szybkiego, po nowe informacje: „Paweł, mamy dwa dni, zanim sąd wznowi posiedzenie. Chciałbym, abyś wybrał się w krótką podróż".
„Czy mogę się zapytać, oczywiście, jeżeli tylko pozwolisz, gdzie mam jechać", pyta Paweł z jego skromnym żartem. „Co byś powiedział na wyprawę do Sopotu, tak na początek?", teraz ja zagadkuję Pawła. Wandzie wydawało się, jeszcze kilka minut temu, że zaczyna rozumieć całą sytuację, ale po moim zleceniu dla Pawła jest całkowicie skonfundowana, sprawa wydaje się daleka od finału i w konsekwencji uratowania życia niewinnej Joannie Żurawskiej. Nadszedł poniedziałek i ponownie jesteśmy na sali rozpraw. Sędzia wzywa mnie do zadawania pytań świadkowi. Jest nim w dalszym ciągu

trener, a raczej w tym momencie, były trener, w stajni Żurawskich, Marczewski. „Mecenasie Jarosz, czy jest pan gotowy na przesłuchanie świadka?", pyta sędzia lekko zniecierpliwionym głosem. „Tak panie sędzio", odpowiadam, wstając zza stołu dla obrońców. Podchodzę do świadka, opieram się na barierce oddzielającej świadka od reszty sali i pytam: "Panie Marczewski, pozostał pan w posiadłości Żurawskich po pożarze, mieszkał pan tam, prawda?". „Tak, to prawda", bez nadmiernego entuzjazmu odpowiedział były trener. „Czy pan Waldemar Kosztorys kiedykolwiek zjawił się w Konstancinie, aby przeegzaminować klacz Lili?" „Nie, nigdy się nie zjawił", odpowiada zdziwiony pytaniem Marczewski. „To jest nieco dziwne. Czy był pan w posiadłości przez cały czas, jest pan tego pewien?". „Nie koniecznie, czasami musiał pojechać coś załatwić". „Czy pan Kosztorys mógł wiedzieć, kiedy pan opuścił stajnię w Konstancinie?". „Tak, tak sądzę. Wtedy kiedy pojechałem z innymi końmi na aukcję, to było na trzy dnie przed tym, jak Lili została sprzedana", odpowiedział Marczewski z jego nieco makabrycznym wyrazem twarzy, grymasem, kiedy jego oblicze wygląda jak literka „S", pokręcone w swojej złożoności. „Jest pan pewien, że pan Kosztorys wiedział, że nie będzie pana w posiadłości?", dopytuję, aby sędzia zauważył odpowiedź Marczewskiego. „To właśnie pan Kosztorys zlecił mi ten wyjazd". Wujek Joanny, siedzący tuż przed wdową Krochmalską, przygląda się Marczewskiemu ze skupionym obliczem, ale pod skórą, jego skórą, można wyczuć tętniące nadmiarem krwi żyłki niepokoju. Jest zatrwożony inwigilacją Marczewskiego dotyczącą jego osoby. Odpowiedź Marczewskiego była tym na co czekałem. „Dziękuję panie Marczewski", zwracam się do trenera, a następnie do sędziego: „Nie mam więcej pytań, wysoki sądzie". Wracam do mojego biurka, gdzie Wanda przygląda mi się z zainteresowaniem uwidocznionym błyskiem w jej prawym oku, to jest jej znak charakterystyczny przy wyrażaniu zdumienia. Prokurator Raczek wzywa

Waldemara Kosztorys na świadka. Kosztorys, wolnym krokiem zbliża się dla miejsca dla świadków, siadając z ciężką duszą na ramieniu na krześle z dębu o majestatycznym wyglądzie. Raczek poodchodzi do świadka i zaczyna stawiać pytania. Podobnie jak i ja opiera się na drewnianej barierce i z poważnym wyrazem twarzy kontynuuje. „Zanim przejdę do meritum sprawy, chciałbym, abyśmy skupili się na tych ciągłych, małych insynuacjach, jakimi posługuje się mecenas Jarosz, przedstawiając tę prostą, w gruncie rzeczy, sytuację w sposób zdecydowanie zbyt skomplikowany". Raczek spojrzał na mnie kąśliwym okiem, ale w rewanżu, otrzymał ode mnie przyjazne oblicze, z leciutkim uśmiechem pod moim nosem zachęcającym go do dalszych pytań obalających moją linię przesłuchania. „Panie Waldemarze, czy celowo zlecił pan opuszczenie posiadłości Żurawskich przez trenera Marczewskiego, aby, w sekrecie, przeegzaminować klacz Lili?". Raczek oczekuje stanowczej odpowiedzi Kosztorysa i prostego wyjaśnienia tego drobnego faktu, na który zwróciłem uwagę podczas przesłuchania Marczewskiego. Raczek czuje się pewnie, z obu nogami twardo zamocowanymi na ziemi, a Kosztorys odpowiada ze stoicką twarzą doświadczonego pokerzysty. „Ku prawdzie, tak właśnie było". Odpowiedź zaskakuje Raczka, zaniemówił na kilka sekund, po czym wyciszonym głosem pyta Kosztorysa: ", Ale nigdy pan ze mną tego nie przedyskutował?". Raczek czuje się podle po odpowiedzi Kosztorysa. Jego nogi zaczynają się uginać pod ciężarem tej nowej, nieznanej mu, informacji. Twarz Raczka starzeje się o pięć lat w kilku zaledwie sekundach. „Czyli panie Kosztorys, przeegzaminował pan klacz przed zakupem i wiedział pan, że Lili jest niepełnosprawna?", pyta Raczek. „Tak, panie prokuratorze, wiedziałam o tym fakcie", spokojnie odpowiada Kosztorys, równym, bez emocji głosem wydobywającym się z jego bezdusznego ciała. Postawiony w bardzo niejasnej sytuacji Raczek pyta dalej: Czy poinformował pan o tym fakcie pana Krochmalskiego?". „To pan Krochmalski powiedział mi o kalectwie klaczy". Roberta, Walczak i wdowa Krochmalska przysłuchują się z niedowierzaniem oświadczeniom Kosztorysa. Jest to dla nich szok, sytuacja trudna do wyjaśnienia, bez precedensu. „Może mi pan to wyjaśnić nieco bliżej?", pyta Raczek. „Piotr Krochmalski chciał w jakiś sposób wyrównać krzywdy wyrządzone Joannie, sposób, w jaki ją potraktował, i dlatego postanowił kupić klacz za tak duże pieniądze", dodał Kosztorys, tym samym, monotonnym głosem. „Kupno konia, w rzeczywistości, to była tylko przykrywka do zrobienia prezentu dla pani Żurawskiej?", pyta zdziwiony Raczek. „Tak panie prokuratorze, tak właśnie było", odpowiedział Kosztorys i obdarzył prokuratora ciepłym spojrzeniem jego niebieskich oczu. „Panie Kosztorys, proszę się dobrze zastanowić, zanim udzieli pan odpowiedzi, czy pani Żurawska wiedziała o fakcie kalectwa klaczy?", sprytnie pyta Raczek. „Nie, panie prokuratorze, nie wiedziała". Obszerny uśmiech pojawia się na ustach

Raczka, a uzębienie ma sprawne, który stwierdza: "Tak więc nic się nie zmienia", uśmiech znika z twarzy Raczka, który podniesionym głosem mówi: "Oskarżona nie wiedziała o kalectwie klaczy, dlatego zjawiła się w posiadłości państwa Krochmalskich, aby odzyskać jej własność, jak mniemała, klacz, która była bardzo obiecującym koniem wyścigowym. Pojawił się przed nią mężczyzna, którego nienawidziła, co spowodowała jej szybką reakcję i zadanie śmiertelnego ciosu Krochmalskiemu", Raczek czuje, że wygrał ten ruch na szachownicy ludzkich cierpień. „Nie mam więcej pytań do świadka, wysoki sądzie". Raczek odchodzi do jego stołu tanecznym krokiem z odrobiną gejostwa w jego ruchach, podniesione ramię prawej reki tańczy za jego nogami, płynąc w sali rozpraw przez stężone powietrze ludzkich zmartwień i niedoskonałości. Czas na mije pytania. „Panie Kosztorys, był pan egzekutorem majątku rodziny Żurawskich w Konstancinie, czy pan to potwierdza", pytam wujka Joanny, zbliżając się do miejsca dla świadków. „Tak, to prawda", odpowiada Kosztorys zaniepokojonym głosem, ponieważ to pytanie było niepotrzebna, w jego opinii, Kosztorys wie, że dokładnie znam jego relacje z rodziną Żurawskich. „W jakiej sytuacji finansowej był majątek Żurawskich? Czy zostało cokolwiek, po śmierci ojca Joanny, aby zapewnić jej wolną od trosk przyszłość?", pytam spokojnie i rzeczowo nieco zdumionego wujka, który stracił animusz z poprzedniej sesji z prokuratorem Raczkiem. „Po spłaceniu podatków...", wcinam się w wypowiedź Kosztorysa. „Podatki panie Waldemarze?, Kosztorys jest zbulwersowany moją nagłą ripostą. „Chodzi o podatki od spadku, panie Waldemarze?", Kosztorys czuje się niepewnie i zaczyna się jąkać. „Otóż, ja...nie chodzi o podatek od spadku, nie, tylko...", ponownie przerywam Kosztorysowi. „Czy chodzi o podatek dochodowy, panie Kosztorys", pytam mocnym głosem, widząc osłabiającą się pozycję Waldemara i jego bardzo wyraźne niezadowolenie z serii moich dociekań. „Czy chodzi o trzy lata niepłaconych podatków do skarbu państwa w chwili kiedy pana brat zmarł? Czy to o ten podatek panu chodzi?", atakuję, aby nie pozwolić wujkowi na zebranie myśli i stworzenie nowego kłamstwa. „Tak", krótko odpowiada Kosztorys, zagryzając dolną wargę i przeplatając przy tym palcami obu rąk. „I następnie był problem pożyczki udzielonej pod zastaw posiadłości, spłacie dwóch samochodów, i w rzeczywistości, każdą formą majątku, jaką pana brat był właścicielem", nie ustaję w ofensywie próbując wydobyć z Kosztorysa srebro tej ziemi, coś, co jest najtrudniejsze do wykopania z zakamarków ludzkiej duszy. Kosztorys zmienia taktykę i próbuje zmienić tor wydarzeń: "Czy to wszystko jest konieczne? Biedna dziewczyna wycierpiała tak wiele, czas na pokój, dla nas wszystkich". Kosztorys nie ma szans na wyprowadzenie mnie z równowagi, czy też zmianę mojego strumienia pytań. „Czy te zaległe podatki zostały spłacone?", pytam stanowczo. Krótko odpowiada Kosztorys: „Tak, zostały spłacone". Wujek Joanny patrzy mi prosto w oczy, wyraźnie obawiając się dalszych pytań. „Pożyczka na dom została spłacona?" „Tak". „Skąd pan wziął pieniądze na spłacenie tych zaległości, panie Kosztorys", wyciszonym głosem pytam świadka. Kosztorys po chwili odpowiada: "Przede wszystkim ze sprzedaży konia". „Ze sprzedaży konia, czy też spłacił pan długi z własnych pieniędzy? „Nie, nie, nie, pan się myli...", nie pozwalam mu dokończyć zdania: "Joanna jest oczywiście pana ulubienicą, przynajmniej tak się wydaje, czy tak jest panie Kosztorys? Wiedząc o emocjonalnym w związku Joanny z klaczą, dlaczego pan sprzedał Lili?", świdruję oblicze Kosztorysa, patrząc głęboko w cygańskie oczy tego jegomościa. „Krochmalski chciał kupić klacz, więc się na to zgodziłem". „I tak się też stało. Krochmalski zapłacił pięćdziesiąt tysięcy lekką ręką, drogi panie Kosztorys". Wdowa Krochmalska dokładnie przygląda się wujkowi Joanny, jest pewna, że czegoś nie rozumie, spotyka ją ciemność, bez wyjścia na światło dzienne. „Taka była cena, prawda panie Waldemarze?", pytam dalej. Kosztorys nie odpowiada, tylko robi wyciszone skinienie głowy. „Sekretarz sądowy nie może zanotować pana skinienia głowy, panie Kosztorys. Musi pan odpowiedzieć wokalnie. Powtarzam pytanie, czy pięćdziesiąt tysięcy złotych to była cena za klacz?" „Tak", krótko stwierdza Kosztorys. „Dlaczego w takim razie, kiedy Piotr Krochmalski zapłacił czekiem za klacz, te pięćdziesiąt tysięcy, zlikwidował pan cały swój płynny majątek, konta bankowe, bondy, akcje, nieruchomości. Komu pan przekazał swój cały majątek, kto był tym szczęśliwcem, proszę nam wszystkim powiedzieć!", wzmocniłem głos, aby cała sala rozpraw mnie dobrze słyszała. Joanna i Wanda spojrzały na siebie wstrząśnięte nowymi rewelacjami. Sprawa przybiera nieoczekiwany obrót. „Komu pan dał czterdzieści tysięcy złotych w gotówce?". Na to pytanie nie usłyszeliśmy odpowiedzi. Kosztorys w geście przegranego spuścił głowę, schował ją w ramiona i jeszcze szybciej zaczął przebierać palcami u rąk. Był załamany. Nie spodziewał się, że będę w stanie odkryć jego sekret, jego tak dobrze strzeżoną tajemnicę, treść jego życia, pana około sześćdziesiątki, ale z nadzieją na lepszą końcówkę życia. „Wysoki sądzie chcę ponownie wezwać na świadka Robertę Marciniak". „Proszę wrócić na swoje miejsce, panie Kosztorys", zarządził sędzia. A ja mówię:"Ponownie wzywam Robertę Marciniak na miejsce dla świadków". Kosztorys z ciężkim serca wraca na swoje miejsce. Roberta powoli wstaje z jej krzesła i zbliża się do miejsca dla świadków. Prokurator Raczek jest zasępiony, nie spodziewał się tych rewelacji dotyczących wujka Joanny, a także, nie oczekiwał wezwania, do następnej rundy pytań, dla Roberty. Marciniak siada na krześle, a ja zaczynam moje przesłuchanie. Roberta jest co najmniej zmieszana. Nerwowo poprawia kołnierzyk jej bluzki, wzrokiem zamiata podłogę sali rozpraw. Jest nawet blada z oczami wyciągniętymi do przodu, jej stan wydaje się chorobliwy, można by się obawiać, że świadek lata moment zemdleje z twarzą do przodu i zrobi sobie krzywdę, ale tak się nie stało. Roberta bierze się w garść, staje w pionie i patrzy mi oczy, kiedy stawiam pierwsze pytanie. „Pani Marciniak, była pani sekretarką ojca Joanny przez około dwa lata, prawda". „Tak, to prawda". Wracam na miejsce za stołem dla obrońców, aby zmniejszyć napięcie u świadka. „Podczas pani pracy z panem Żurawskim, czy otrzymała pani list od lekarza z firmy ubezpieczeniowej, na temat zdrowia brata pana Żurawskiego, pana Kosztorys?" „Tak, jak sądzę, pan Żurawski otrzymał ten list. Pan Kosztorys próbował kupić pokaźną polisę ubezpieczeniową na życie. Beneficjentem była jego bratanica, Joanna Żurawska", odpowiada uspokojona Roberta nieprzestraszona tym prostym pytaniem. „Próbował, Roberta?". „Sądzę, że jego prośba została odrzucona, tak myślę". „Człowiek, którego nie da się ubezpieczyć, martwi się o przyszłość jego bratanicy. To jest interesujące. Czy pan Kosztorys był w jakiś sposób związany z wyścigami koni we współpracy ze zmarłym panem Żurawskim?", kontynuuję inwigilację. „Nie, na tyle ile wiem". „Czy pan Kosztorys był kiedykolwiek związany jakimś układem wyścigowym z tragicznie zmarłym Piotrem Krochmalskim?" „Byłam żoną Piotra Krochmalskiego przez krótki okres, a nie jego sekretarką. Nie wiedziałam o tego typu transakcjach". Jest to wielkie odkrycie dla wdowy po Krochmalskim. Robi wielkie oczy, słysząc te rewelacje, dla niej to jest niespodziewana zagadka. „Skoro była pani sekretarką pana Żurawskiego, to jak sądzę, jest pani bardziej zaznajomiona z jego działalnością biznesową"? Roberta robi kocie oczy, po czym rzuca spojrzenie na moje oczy. „Tak to prawda", cicho odpowiada Roberta. „W roli sekretarki przepisywała pani listy na maszynie, odbierała telefony, przekazywała wiadomości, wykonywała telefony, prawda?". „Tak, oczywiście". „Czy moje spostrzeżenie będzie trafne, jeżeli powiem, że była pani w stanie rozpoznać głos osób, które dzwoniły do pana Żurawskiego w tym ostatnim okresie przed jego śmiercią, to znaczy tak dobrze, aby je zidentyfikować?". „Zdecydowanie tak, jestem w stanie to zrobić". „Kto w takim razie z tych osób dzwoniących do pana Żurawskiego był regularnym rozmówcą, wie pani, mniej więcej?". „Otóż, był to pan Kosztorys, doktor Olszewski, doradcy giełdowy pan Arczewski, Piotr Krochmalski, pani Krochmalska i oczywiście Joanna". Podchodzę do Roberty i staję z jej lewej strony, tego typu presja zmusza do powiedzenia prawdy. „Telefon, który otrzymała Joanna, w pani mieszkaniu, w noc morderstwa, wiedziała pani, że była to wdowa Krochmalska, prawda?". Roberta kurczy się, chowa ramiona na klatce piersiowej, patrzy na mnie przez moment, po czym ponownie się kurczy i raz jeszcze patrzy na mnie z uwagą osaczonej sarny na łowisku w ciemnym lesie. „Wiedziała pani, że to była pani Krochmalska, która chciała rozmawiać z Joanną. Dlaczego pani mnie okłamała?". Roberta nie odpowiada. „Pani Krochmalska wiedziała, że rozmawia z panią i powiedziała pani o tym, aby Joanna przyjechała i odebrała klacz. Dlaczego pani mnie okłamała, mnie i moją asystentkę Wandę Rybkowską o tym zdarzeniu?". Joanna wpada prawie w rozpacz. Wydaje się, że mała kropelka łezki wypływa z jej prawego oka i spływa po jej policzku. Sala zamarła w ciszy oczekiwania. Nawet Wanda jest napięta i skurczona. Wdowa Krochmalska czuje krew na sali rozpraw, reszta uczestników rozprawy przestaje oddychać, sędzia słucha w napięciu, a prokurator Raczek uniósł się nad biurkiem gotowy do interwencyjnego lotu. „Dlaczego nie powiedziała pani, że to Krochmalska dzwoniła do Joanny, nikt inny, tylko wdowa Krochmalska, dlaczego chciała pani to ukryć?", podniosłem głos, żądając prawdziwej odpowiedzi od świadka Roberty Marciniak. „To był prawdopodobnie mój błąd", odszczekała Marciniak spode łba, rzucając w moją stron piorun gniewu. „Taki błąd, jaki zrobił Piotr Krochmalski poślubiając obecną panią Krochmalską, sądząc, że jesteście rozwiedzeni?". „Jesteśmy rozwiedzeni", krzyczy Marciniak.

„Czy, aby na pewno? Gdzie miał miejsce rozwód?. „Poza granicami Polski", odpowiedziała spokojniej Roberta. „Mój współpracownik sprawdził tę informację. Rozpoczęła pani procedurę rozwodu przed siedmiu laty, ale niespodziewanie ją porzuciła. Nigdy pani nie uzyskała rozwodu". „Nie, nigdy nie otrzymałam rozwodu", wściekła Roberta odpowiada zgodnie z prawdą. Marciniak zaczyna się łamać i chce oczyścić duszę z żalów pomyłki poślubienia Krochmalskiego. „Przed siedmiu lat, kiedy poznałam Krochmalskiego, sądziłam, że ma pieniądze, że jest zamożny, bogaty, ale ten głupiec oszukał mnie, zagrał na moich emocjach. Okradł mnie z każdego grosza, jaki mogłam oszczędzić, całe dziesięć tysięcy złotych, po czym mnie opuścił, zostawił mnie samą bez grosza przy duszy". Roberta rozlała całe mleko, jakie nosiła głęboko w jej zaciemnionej duszy, mówiła szybko i zaciśniętymi zębami, już się nie hamowała, nie było takiej potrzeby, wie, że przegrała swoje życie i czeka ją czyściec a dalej piekło za popełnione grzechy. Roberta, już nieco uspokojona zeznaje dalej: "Rozpoczęłam procedurę rozwodu, ale potem zmieniłam zdanie. Któregoś dnia Krochmalski będzie potrzebował tego rozwodu i zapłaci za niego grube pieniądze"., zakończyła swoją tyradę żalu i małości świadek Roberta Marciniak. "Po małżeństwie z obecną wdową, panią Krochmalską, Piotr Krochmalski dowiedział się, że nie było rozwodu pomiędzy wami, jaką sumę zażądała pani od niego, aby wyciszyć sprawę?", pytam dalej na spokojnie. Wiem, że zbliżam się do celu mojego śledztwa, prawdziwy morderca jest na wyciągnięcie dłoni, bardzo blisko, zastraszająco blisko. Nie lubię przebywać w towarzystwie zabójców. Jest to paskudne uczucie, które pozostaje we mnie przez dłuższy czas. Cenię sobie ludzkie życie, a prymitywna chęć zemsty lub uzyskania małej sumy pieniędzy, nie może być wytłumaczeniem lub przepustką do zabójstwa. "Nie zbyt wiele, panie mecenasie, czterdzieści tysięcy złotych. To jest mała suma, która nawet w małej części nie spłaca mojego bólu i życia na uboczu przez tak długi okres. Kobieta taka jak ja nie może żyć w nędzy. Mam nadzieję, że pan to rozumie", Roberta obszernie wyjaśniła jej stanowisko w relacjach z jej byłym, nieżyjącym mężem. Poczułem nawet dla niej odrobinę sympatii, ale zgasiłem to jakżeż tak ludzkie uczucie w mgnieniu oka. Pytam dalej: "Czy te czterdzieści tysięcy, pan Kosztorys, dał Krochmalskiemu w gotówce?" „Tak właśnie było", Roberta łapie głębszą ilość tlenu, wzdycha zawiedziona. Kosztorys dokładnie się jej przygląda jakby rozluźniony, może dlatego, że w końcu mleko się wylało i nie musi dalej kłamać. Doznaje ulgi katolika po spowiedzi, kiedy ksiądz odpuszcza jego grzechy, ale wzywa go przed oblicze Boga na dalsze konsultacje, odległe w czasie, i prawdopodobnie nigdy nie do zmaterializowania. „Pan Kosztorys zamierzał przeznaczyć jego życiowe oszczędności na rzecz Joanny, było bardzo łatwo pozyskać te dodatkowe dziesięć tysięcy dla jego siostrzenicy. Krochmalski musiał tylko odpisać te pięćdziesiąt tysięcy z majątku wdowy

Krochmalskiej. Krochmalska słysząc te rewelacje, czuje złość, nawet wściekłość, i to uczucie zamieszkuje teraz na jej niemłodej już twarzy. „Piotr Krochmalski planował szybki wyjazd z Konstancina, chodziło o coś więcej niż tylko pozbycie się klaczy Lili, prawda?", kontynuuję moją serię pytań. Roberta kiwa głową, ale milczy. „Chodziło o uzyskanie rozwodu z żoną jego pierwszego małżeństwa, czyli panią, pani Marciniak". „Tak", cicho odpowiada Roberta. „Celem pani kłamstwa było zatrzymanie mnie przed wizytą w stajni Żurawskich, ponieważ miała pani umówione spotkanie z Piotrem Krochmalskim po to, aby odebrać te czterdzieści tysięcy", podniosłem głos, aby cała sala rozpraw, jak i sędzia, dokładnie mnie słyszeli. Roberta opuszcza głowę, kurczy się w ramionach, zamyka oczy i czeka na dalsze szczegóły mojego wywodu. „Pani Marciniak, zanim pani go zamordowała, czy Krochmalski wręczył pani obiecane czterdzieści tysięcy?". „Tak, mam pieniądze, ciągle je mam", wzrok Roberty upodabnia się do bystrych oczu żbika będącego blisko jego ofiary. Nie ma w nich żalu, smutku, czy potępienia, jest to nienawiść, satysfakcja z dokonanego mordu. To uczucie jest znane tylko mordercom z urodzenia, oni po prostu robią to, co natura od nich żąda, krwi i powstrzymania innego życia. Ich radość bierze się z widoku śmierci spowodowanej ich ręką i zwykłej podłości charakteru. Nie są w stanie tego uczucia wrogości do klasy człowieczeństwa ogarnąć, uważają, że są do tego wyznaczeni przez Stwórcę, który ich na tę modłę stworzył. Jakżeż się mylą, Bóg nie czyni zła, tylko czasem je umożliwia. Roberta kontynuuje jej oświadczenie: „Był pijany, obrzydliwy, po tym, jak wręczył mi pieniądze, usłyszał, jak Joanna wyprowadza konia ze stajni, pobiegł do stajni, złapał Joanne za ramię, zaczął ja szarpać. Joanna pobiegła w stronę domu i zniknęła mi z oczu. Próbowałam go uspokoić po tym, jak Joanna rzuciła w niego grabiami i nie trafiła go. Byłam przestraszona, bałam się o Joanne, ostrzegałam go, że powiem o wszystkim jego żonie, jeżeli nie da dziewczynie spokoju. Był wściekły, wpadł w szał. Powiedział mi, że jak tylko długo żyję, jestem dla niego niebezpieczna. Mogłam powiedzieć wdowie Krochmalskiej, że jej małżeństwo z Piotrem jest nieważne. Jego wściekłość jeszcze bardziej wzrosła do rozmiarów niewidzianych wśród ludzi. Chciałam go uspokoić, powiedziałam, że wyjadę, zostawię go w spokoju i uzyskam rozwód, że nigdy więcej się nie zobaczymy", w tym momencie Roberta zatrzymała się na nabranie oddechu, wydaje się, że dopiero teraz zorientowała się, co zrobiła, że zabiła człowieka, być może bardzo złego człowieka, jednakże żywą istotę powołaną na ziemię przez Boga. „Krochmalski nie słuchał, potrząsał głową jak zraniony koń, a szyderczy uśmieszek pojawił się na jego ustach. Powiedział, że musi mieć pewność o mojej ciszy dotyczącej jego osoby. Tak właśnie powiedział. Powiedział, że musi się upewnić, że nigdy nie zjawię się na jego drodze życia. Byłam przestraszona, bałam się o moje życie. Podniosłam widły... Joasiu, musisz mi wierzyć, bałam się o twoje życie, ale nie mogłam nic powiedzieć bez zwrotu pieniędzy". Roberta ponownie wpada w złość: "Pieniądze należą do mnie, tylko do mnie", syczy przez zaciśnięte zęby świadek Marciniak. Ten trywialny motyw, pieniądze, raz jeszcze rujnuje życie wielu osobom, niewinnym osobom o gołębim sercu, jak serce Joanny. Roberta płacze nad jej losem, więźniarki zakładu karnego, gdzie spędzi resztę jej życia. Patrzy daleko w przestrzeń jej nowego życia ze strachem i głębokim bólem niedopisania. Sprawa dobiegła końca. Jestem zadowolony ze zwycięstwa i ponownego pokonania prokuratora Raczka, ale smutek zasiada w mojej duszy człowieka, a nie prawnika. Umówiłem się z wujkiem Joanny, panem Kosztorys w posiadłości Żurawskich w Konstancinie. Chciałem mu wyjaśnić całe zdarzenia z mojego punktu widzenia. Staliśmy przy małym hipodromie, kiedy rozpocząłem mówić: "Roberta wręcz desperacko potrzebowała pieniędzy, na zabezpieczenie jej przyszłości, dlatego kradła pieniądze z konta bankowego pana brata". Nie była to niespodzianka dla pana Kosztorys: „Zauważyłem fałszywe zapisy w oświadczeniach finansowych, brakowała dziesięć tysięcy", Kosztorys kiwa głową z niedowierzaniem. „Joanna wycierpiała się wystarczająco dużo. Nie mogłem jej powiedzieć, że jej ojciec był nieuczciwy. Musiałem to ukryć bez względu na konsekwencje. Panie mecenasie, co spowodowała, że pan rzucił swoje podejrzenia na Robertę?, jest to pytanie, które sprawia mi największą satysfakcję, ponieważ mogę wyjaśnić mój tor dedukcyjnego myślenia i, co tu ukrywać, geniuszu, jakim nie skromnie powiem, obdarzyła mnie opatrzność, lub jak inni powiadają, nasz stwórca, pan Bóg. Rozpocząłem wyjaśnianie sprawy panu Kosztorys:"No cóż, wierzyłem od samego początku, że Joanna mówi prawdę, co oznacza, że ktoś inny musiał być obecny w stajni Krochmalskim w tym samym czasie. Kiedy zorientowałem się, że Roberta okłamała mnie w sprawie tego telefonu od Krochmalskiej i rozpoczęła kroki rozwodowe poza Warszawą i nagle zatrzymała procedurę, nie było już trudno złożyć tę zagadkę do kupy. Kosztorys wysłuchał wyjaśnienia, po czym dopowiedział: "Zawarcie układu z Piotrem Krochmalskim nie było dla mnie łatwe. Wiedziałem, że to porozumienie było moralnie fałszywe, a i prawdopodobnie, z punktu widzenia prawa, nielegalne. Byłem jednakże zdesperowanym człowiekiem, klacz Lili była jedynym wartościowym majątkiem Joanny", przerwał Kosztorys. „Myślę, że ciągle jest to najważniejsza część jej majątku", uśmiecham się pod nosem ku zaskoczonemu tę uwaga wujkowi. „Co pan ma na myśli, panie mecenasie?, Kosztorys stawia oczy w słup. „Niech pan tylko popatrzy", kieruje mój wzrok na Joannę, jej samochód i przyczepę dla koni. Joanna jest uśmiechnięta dotykiem nowego życia, czyli powrotem Lili do jej stajni. Joanna podbiega do nas i mówi: „Czy to nie jest wspaniałe, Lili będzie wkrótce matką". W międzyczasie trener Marczewski wyprowadził Lili z przyczepy i także się uśmiecha, wiedząc, że odzyskał swoja ukochaną pracę. Marczewski dodaje: "Ojciec nowej klaczy, to najlepszy koń w stajni Krochmalskich". Joanna kontynuuje: „Możemy zapoczątkować nową linię koni wyścigowych w naszej stajni, jeżeli oczywiście zgodzisz się wujku, aby zostać moim partnerem", radośnie ćwierka Joanna. Jest to dla mnie sygnał, aby pozostawić sprawy rodzinne w rękach rodziny, odchodzę w siną dal. Kosztorys patrzy w oczy Joanny, a ta tylko się uśmiecha, znając odpowiedź wujka. Kosztorys nic nie mówi, tylko bierze Joannę w ramiona. Osiągnęli porozumienie, nowy początek dla nich obydwojga po tych strasznych wydarzeniach z ostatnich miesięcy. Zaprosiłem Joannę, jej wujka, i oczywiście Wandę i Pawła do restauracji w celu celebracji naszego wspólnego sukcesu, czyli ocalenia życia Joanny. Atmosfera przy tego rodzaju okazjach jest wspaniała, a i wódeczka podawana w małych kieliszkach, też odgrywa swoją rolę. Paweł nie przyprowadził tym razem jego nowej dziewczyny, a to tylko dlatego, że właśnie zerwał z jego, w tej chwili, byłą partnerką i nie miał czasu, aby się rozejrzeć za nową atrakcją w jego życiu. Stan ten nie potrwa zbyt długo, ponieważ męskość Pawła nie pozwala mu na zbyt długie wakacje od kobiecego ciała. Paweł poczuł się wolnym człowiekiem i taka oto refleksja usiadła mu na głowie: „Wyrzuć z siebie wszystko, co jest niezdrowe dla twojej duszy. Niech każdy żyje tylko dla Boga, a nie dla świata.a. Żyjcie w prostocie i uległości". „Skąd ta głęboka myśl, panie detektywie", pyta Wanda, która zawsze próbuje odebrać Pawłowi jego samouwielbienie. Paweł marszczy delikatnie brwi i jest niemalże gotowy na udzielenie odpowiedzi, kiedy przerywam mu jego oddech komentarzem: "Paweł ma całkowitą rację. Szkoda, że Roberta tego nie rozumiała i zmarnowała swoje życie". „To nie jest zła osoba. Roberta ma w sobie wiele dobrych cech, ale ta chęć pieniądza ją zgubiła", dodała Joanna. Wujek Kosztorys zauważył: "Roberta miała potencjał zawodowy i osobisty, wielka szkoda dla społeczeństwa, że jej już więcej nie zobaczymy w otoczeniu, w jakim powinna funkcjonować. Wielka szkoda" zakończył wujek

Kosztorys smutnym tonem ogromnego rozczarowania. Wydaje się, że widział coś dla siebie w Robercie, ale nigdy tego nie będzie wiedział, nie będzie mógł tego sprawdzić. Obiad dobiegł końca w bardzo pozytywnej atmosferze miłości i pokoju, och, może nie aż tak daleko, może się zapędziłem w mojej ocenie tego, skądinąd, zgrabnego obiadku, ale było dobrze.

KONIEC

www.ingramcontent.com/pod-product-compliance
Lightning Source LLC
LaVergne TN
LVHW061036070526
838201LV00073B/5063